PUR ȘI SIMPLU FRUCTE DE MARE

100 DE REȚETE DELICIOASE ȘI DURABILE CU FRUCTE DE MARE

Camelia Buți

Toate drepturile rezervate.

Disclaimer

Informațiile conținute în această carte electronică sunt menite să servească drept o colecție cuprinzătoare de strategii despre care autorul acestei cărți electronice a făcut cercetări. Rezumatele, strategiile, sfaturile și trucurile sunt doar recomandări ale autorului, iar citirea acestei cărți electronice nu va garanta că rezultatele cuiva vor oglindi exact rezultatele autorului. Autorul cărții electronice a depus toate eforturile rezonabile pentru a furniza informații actuale și exacte pentru cititorii cărții electronice. Autorul și asociații săi nu vor fi făcuți la răspundere pentru orice eroare sau omisiuni neintenționate care ar putea fi găsite. Materialul din cartea electronică poate include informații de la terți. Materialele terților cuprind opinii exprimate de proprietarii acestora. Ca atare, autorul cărții electronice nu își asumă responsabilitatea sau răspunderea pentru orice material sau opinii ale terților.

Cartea electronică este copyright © 2024 cu toate drepturile rezervate. Este ilegal să redistribuiți, să copiați sau să creați lucrări derivate din această carte electronică, integral sau parțial. Nicio parte a acestui raport nu poate fi reprodusă sau retransmisă sub nicio formă, fără permisiunea scrisă exprimată și semnată din partea autorului.

CUPRINS

CUPRINS..4

INTRODUCERE..8

HOMAR...9

    1. Thermidor de homar cu sos Newburg..................10
    2. Rulă de homar din Maine.......................................13
    3. Thermidor de homar umplut.................................16
    4. Homar cu vanilie...19

CREVETĂ..21

    5. Creveți picanți la grătar..22
    6. Creveți cu ierburi la grătar.....................................25
    7. Creveți în broșetă...28
    8. Pachete de creveți..30
    9. creveți busuioc..32
    10. Creveți învețiți în bacon la grătar.......................34
    11. Creveți la grătar...36
    12. Coacerea cu creveți din Alabama.......................38
    13. Aproape Creveți Paesano...................................41
    14. Risotto cu fasole și creveți..................................43
    15. Creveți Prăjiți De Bere..46
    16. Creveți Fierți din Golf...48
    17. Sos Rémoulade...50
    18. Scampi din California...52
    19. Creveți cu șampanie și paste...............................54
    20. Creveți de cocos cu jeleu de jalapeño................57
    21. Creveți Tempura de Cocos..................................59
    22. Cornsicles cu creveți și oregano........................62
    23. Creveți cremosi pesto..65

24. Creveți Delta..67
25. Creveți Cremeți..70
26. Canoe de vinete...72
27. Creveți cu usturoi..75
28. Creveți marinați la grătar..78
29. Creveți Texas...81
30. Frigarui de creveti hawaiani..83
31. Creveți la grătar cu miere și cimbru...............................85
32. Marinada cu usturoi prajit..88
33. Creveți fierbinți și picante...90
34. Creveți italieni la grătar...93
35. Creveți Jerk cu orez dulce jamaican..............................95
36. Creveți prăjiți cu lămâie și usturoi.................................97
37. Creveți Lime Piper...99
38. Esplanada cu creveți din Louisiana..............................101
39. Creveți prăjiți Malibu...103
40. Creveți la cuptor..105
41. Salată de creveți foarte tare...108
42. M-80 Rock Creveți..110
43. Toast al orașului..114
44. Creveți a la Plancha peste pâine prăjită Allioli cu șofran.....117
45. Curry de creveți cu muștar..121
46. Creveți Curry..123
47. Creveți în sos de usturoi..126
48. Creveți în sos de cremă de muștar...............................129
49. Gazpacho..131
50. Linguine cu creveți Alfredo...134
51. Marinara de creveți...136
52. Creveți Newburg...138
53. Creveți marinați condimentați.....................................141
54. Creveți picante din Singapore.....................................144
55. Creveți Starlight..147

CARACATIȚĂ..149

56. Caracatiță în vin roșu..150
57. Caracatiță murată..153
58. Caracatiță gătită în vin...156
59. Caracatiță siciliană la grătar...158

SCOICI..162
60. Plăcintă cu fructe de mare..163
61. Scoici la cuptor cu sos de usturoi....................................166
62. Scoici provenzale..168
63. Scoici cu sos de unt alb..170

EGLEFINUL..173
64. Eglefin cu unt de plante...174
65. Eglefin condimentat cajun...177
66. Ciodă de eglefin, praz și cartofi..179
67. Eglefin afumat și chutney de roșii...................................181

SOMON...184
68. Somon magic copt...185
69. Somon cu rodie si quinoa..187
70. Somon copt și cartofi dulci..190
71. Somon copt cu sos de fasole neagra...............................194
72. Boia de ardei somon la gratar cu spanac......................197
73. Teriyaki de somon cu legume..200
74. Somon în stil asiatic cu tăiței...204
75. Somon poșat în bulion de roșii usturoi.........................207
76. Somon Poșat..210
77. Somon poșat cu salsa de ierburi verzi...........................212
78. Salata rece de somon braconat..215
79. Somon poșat cu orez lipicios...219
80. File de somon citric..223
81. Lasagna cu somon..226
82. Fileuri de somon Teriyaki...230
83. Somon cu piele crocantă cu sos de capere...................233

- 84. File de somon cu caviar..236
- 85. Fripturi de somon la gratar cu hamsii...............................240
- 86. Somon la gratar afumat la gratar....................................243
- 87. Somon la gratar la carbune si fasole neagra....................246
- 88. Petardă somon din Alaska la grătar................................250
- 89. Flash somon la gratar..253
- 90. Somon la gratar si paste cu cerneala de calmar...............256
- 91. Somon cu ceapa la gratar..259
- 92. Somon din scânduri de cedru..263
- 93. Somon cu usturoi afumat...266
- 94. Somon la gratar cu piersici proaspete............................268
- 95. Somon afumat și cremă de brânză pe pâine prăjită..............272
- 96. Salată de somon la grătar...275
- 97. Somon la gratar cu o salata de fenicul............................279
- 98. Somon la gratar cu cartofi si nasturel.............................282

PEȘTE-SPADĂ..286

- 99. Peşte-spadă cu susan mandarin...................................287
- 100. Fripturi picante de peşte-spadă...................................290

CONCLUZIE..292

INTRODUCERE

Există puține lucruri în viață care au un gust la fel de delicios și divin pe limba ta ca un homar, un fel de mâncare de creveți sau o farfurie de ton proaspăt gătită sau pregătită cu experiență. Dacă nu ai cunoscut niciodată gustul de crab sau fructe de mare care se topește în gură, această carte este pentru tine!

Există atât de multe moduri gustoase de a încorpora fructele de mare în pregătirea mesei. Este o modalitate sănătoasă și delicioasă de a mânca proteine slabe, sățioase și coloana vertebrală a dietei mediteraneene.

Rețetele de mai jos includ somon, creveți, scoici, caracatiță și eglefin. Fiecare rețetă este relativ ușor de făcut și plină de o aromă incredibilă. Există ceva pentru toată lumea, de la orez prăjit cu creveți la somon pesto până la scoici perfect prăjiți

HOMAR

1. **Thermidor de homar cu sos Newburg**

Ingrediente
Sos
- 3 linguri de unt
- 1 cană suc de scoici
- 1/4 până la 1/2 cană lapte
- 1/2 lingurita boia
- Vârf de cuțit de sare
- 3 linguri sherry
- 2 linguri de făină universală
- 4 linguri smantana usoara

Homar
- 5 uncii de carne de homar, tăiată în bucăți de 1 inch
- 1 lingura de piment tocat marunt
- 1/2 cană ciuperci feliate groase
- 1 lingura arpagic tocat
- Unt pentru sot
- 1 lingura sherry

Sos Newburg
- 1/2 până la 1 cană de brânză Cheddar rasă
- Preîncălziți cuptorul la 350 de grade F.

Directii
a) Topiți untul la foc mediu mic. Cand s-a topit complet, adauga boia de ardei si amesteca 2 minute. Adăugați făina în unt și amestecați timp de 2 până la 3 minute pentru a găti roux-ul. Amestecați constant pentru a evita arderea. Adaugam sucul de scoici si amestecam pana

incepe sa se ingroase. Adăugați 1/4 cană de lapte, smântână ușoară și sherry. Se fierbe timp de 5 minute și, dacă este nevoie, se adaugă 1/4 cană de lapte rămasă.

b) La foc mediu, topește suficient unt pentru a acoperi ușor fundul unei tigaii grele și mari. Pune homarul, arpagicul, pimentul și ciupercile în tigaie și amestecăm timp de 3 până la 4 minute. Mareste focul la mare si adauga sherry pentru a deglaza tigaia. Aveți grijă, deoarece sherry-ul se poate arde pe măsură ce alcoolul se arde.

c) Se amestecă 4 uncii de sos Newburg și se amestecă timp de 1 minut. Se toarnă într-o singură caserolă de porție și se stropește cu brânză. Coaceți aproximativ 5 minute sau până când brânza s-a topit și este clocotită.

2. Rulă de homar din Maine

Ingrediente
- Patru homari de 1 până la 1 1/4 liră
- 1/4 cană plus 2 linguri de maioneză
- Sare si piper proaspat macinat
- 1/4 cană țelină tăiată mărunt
- 2 linguri suc proaspăt de lămâie
- Un praf de piper cayenne
- 4 chifle pentru hot-dog, despărțite în partea de sus
- 2 linguri de unt nesarat, topit
- 1/2 cană de salată verde Boston măruntită

Directii
a) Pregătiți o baie mare de apă cu gheață. Într-o oală foarte mare cu apă clocotită cu sare, gătiți homarii până devin roșii aprins, aproximativ 10 minute. Cu ajutorul cleștilor, cufundă homarii în baia de apă cu gheață timp de 2 minute, apoi scurge-le.

b) Răsuciți cozile și ghearele homarului și îndepărtați carnea. Îndepărtați și aruncați vena intestinală care se întinde pe lungimea fiecărei cozi de homar. Tăiați carnea homarului în bucăți de 1/2 inch și uscați-o, apoi transferați-o într-o strecurătoare pusă peste un castron și puneți la frigider până se răcește, cel puțin 1 oră.

c) Într-un castron mare, amestecați carnea de homar cu maioneza și asezonați cu sare și piper. Încorporați țelina tăiată cubulețe, sucul de

lămâie și ardeiul cayenne până se omogenizează bine.
d) Încinge o tigaie mare. Ungeți părțile laterale ale chiflelor hot dog cu untul topit și prăjiți la foc moderat până când devin aurii pe ambele părți. Transferați chiflele de hot dog în farfurii, umpleți-le cu salata verde mărunțită și salata de homar și serviți imediat.

3. Thermidor de homar umplut

Ingrediente
- 6 (1 kilogram) cozi de homar congelate
- 10 linguri de unt, topit
- 1 cană ciuperci proaspete feliate
- 4 linguri faina
- 1 lingurita mustar uscat
- 2 liniute de nucsoara macinata
- 2 liniute de piper cayenne
- 1 lingurita sare
- 1 cană lapte
- 1 cană jumătate și jumătate
- 2 galbenusuri, putin batute
- 1 lingurita suc de lamaie
- 2 linguri de vin de sherry
- 1/2 cană pesmet fin
- 2 linguri de parmezan ras

Directii
a) Preîncălziți cuptorul la 450 de grade F.
b) Puneți cozile de homar într-o oală mare cu apă clocotită și acoperiți. Gatiti pana se inmoaie, aproximativ 20 de minute; scurgere.
c) Tăiați fiecare coadă în jumătate pe lungime și cubulețe carnea de homar. Pune deoparte cozile goale de homar.
d) Turnați 1/4 cană de unt în cratiță; se adauga ciupercile si se calesc pana se rumenesc usor. Amestecați făina și amestecați condimentele. Adăugați treptat laptele și jumătate și jumătate la amestec, amestecând constant până

când se îngroașă. Adăugați o cantitate mică de amestec fierbinte la gălbenușurile de ou, amestecând constant; apoi întoarceți amestecul de gălbenușuri de ou în sosul de smântână, amestecând din nou constant și gătind până se îngroașă. Se amestecă sucul de lămâie, sherry și carnea de homar; se pune în coji de homar. Combinați pesmetul, parmezanul și untul rămas; se presară peste cozi de homar umplute. Puneți pe o foaie de biscuiți și coaceți la 400 de grade F timp de 15 minute.

Porți 6.

4. Homar cu vanilie

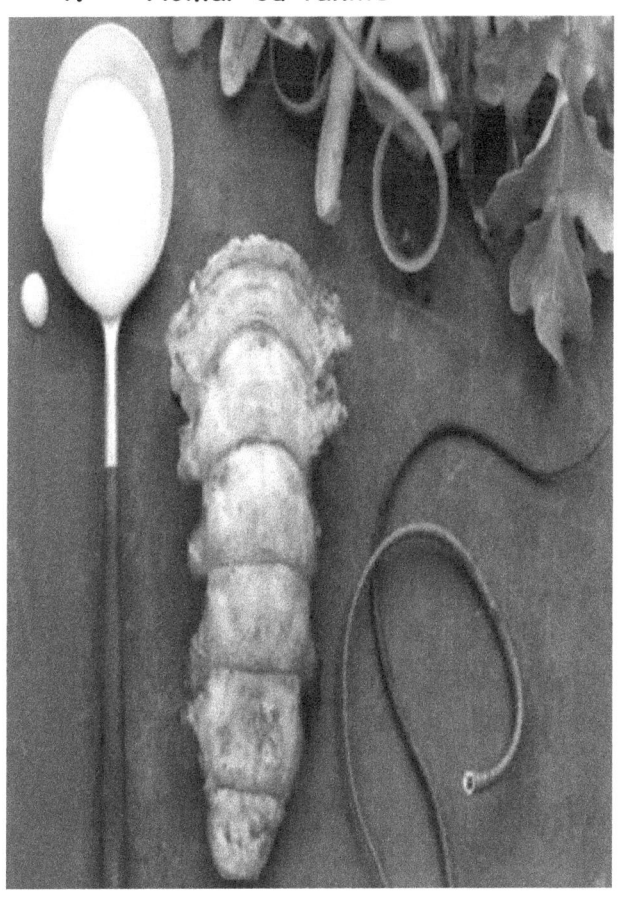

Ingrediente
- Homar trăiește 1 1/2 kilogram de persoană
- 1 ceapă
- 1 catel de usturoi
- Rosii, decojite si tocate marunt
- Puțin bulion de vin sau pește
- Unt
- Sherry
- Extract de vanilie
- Piper roșu

Directii
a) Tăiați homarul în jumătate. Spărgeți ghearele și tăiați coada prin articulații. Topiți un nod de unt într-o tigaie grea, prăjiți ușor ceapa și usturoiul. Adăugați bucățile de homar și gătiți până devin roșii, înainte de a le scoate într-un loc cald.

b) Acum dați focul și adăugați restul ingredientelor, mai puțin vanilia, untul și cayenne. Reduceți roșiile până când devin o ciupercă care clocotește, apoi reduceți focul și adăugați untul în bucăți și amestecați pentru a opri sosul să se despartă.

c) La sfarsit, adauga o jumatate de lingurita de vanilie si un shake de cayenne. Se toarnă sosul peste homar și se servește cu orez.

CREVETĂ

5. Creveți picanți la grătar

Porți 6

Ingrediente

- 1/3 cană ulei de măsline
- 1/4 cană ulei de susan
- 1/4 cană pătrunjel proaspăt tocat
- 3 linguri Sos Chipotle BBQ picant
- 1 lingura de usturoi tocat
- 1 lingura Sos Asiatic Chile 1 lingurita sare
- 1 lingurita piper negru
- 3 linguri suc de lamaie
- 2 lbs. creveți mari, decojiți și devenați
- 12 frigarui de lemn, inmuiate in apa
- Frecare

Directii

a) Se amestecă uleiul de măsline, uleiul de susan, pătrunjelul, sosul picant Chipotle BBQ, usturoiul tocat, sosul Chile, sarea, piperul și sucul de lămâie într-un castron. Puneți deoparte aproximativ 1/3 din această marinadă pentru a o folosi în timpul grătarului.

b) Puneți creveții într-o pungă de plastic mare, resigilabilă. Turnați marinada rămasă și sigilați punga. Se da la frigider pentru 2 ore. Preîncălziți grătarul Good-One® pentru căldură mare. Așezați creveții pe frigărui, piergând o dată lângă coadă și o dată lângă cap. Aruncați marinata.

c) Gratarul gratarului cu ulei usor. Gătiți creveții timp de 2 minute pe fiecare parte până când devin opace, ungeți frecvent cu marinada rezervată

6. Creveți cu ierburi la grătar

Porti 4

Ingrediente

- 2 lbs. creveți jumbo decojiți și devenați ¾ cană ulei de măsline
- 2 linguri de suc de lamaie proaspat stors 2 cani de busuioc proaspat tocat
- 2 catei de usturoi, macinati
- 1 lingura patrunjel tocat 1 lingurita sare
- ½ lingurita oregano
- ½ linguriță piper negru proaspăt măcinat

Directii

a) Așezați creveții într-un singur strat într-un vas de sticlă sau ceramică.
b) Într-un robot de bucătărie, amestecați uleiul de măsline cu sucul de lămâie.
c) Se acopera si se da la frigider pentru 2 ore. Amestecați creveții de 4 până la 5 ori în timpul marinarii.
d) Pregătiți grătarul.
e) Unge ușor grătarul.
f) Așezați creveții pe grătarul uns cu ulei (se poate fi frigărui dacă doriți) peste cărbunii

încinși și grătarați timp de 3 până la 5 minute pe fiecare parte, până când se carbonizează ușor și sunt gătiți. Nu gătiți în exces.
g) Serviți imediat.

7. Creveți în broşetă

4 porții (porții de aperitiv)

Ingrediente

- ½ lingură sos iute
- 1 lingură muștar în stil Dijon 3 linguri bere
- ½ kg de creveți mari, decojiți și devenați
- 3 felii de bacon, taiate pe lungime in 12 fasii
- 2 linguri de zahar brun deschis

Directii

a) Combinați sosul iute, muștarul și berea într-un bol de amestecare.
b) Adăugați creveții și amestecați pentru a se acoperi uniform. Se da la frigider pentru cel putin 2 ore. Scurgeți și rezervați marinada. Înfășurați fiecare creveți cu o fâșie de slănină.
c) Așezați 3 creveți pe 4 frigărui duble. Puneți broșetele într-un vas puțin adânc și turnați marinada rezervată. Stropiți creveții cu zahăr. Se da la frigider pentru cel putin 1 ora
d) Pregătiți Good-One Grill. Puneți broșetele pe grătar, turnați marinata peste ele și închideți capacul. Gatiti 4 minute, apoi intoarceti-le, inchideti capacul si gatiti 4 minute.
e) Serviți imediat

8. Pachete de creveți

Ingrediente

- 4 lbs. Creveți mari
- 1 cană de unt sau margarină
- 1 cățel mare de usturoi, tocat
- 1/2 lingurita piper negru
- 1 lingurita sare
- 1 cana patrunjel, tocat

Directii

a) Curățați și curățați creveții
b) Cremă de unt; adăugați ingredientele rămase în unt și amestecați bine. Tăiați 6 benzi (9 inchi) de folie de aluminiu rezistentă. Apoi tăiați fiecare fâșie în jumătate. Împărțiți creveții în mod egal pe fiecare bucată de folie. Acoperiți fiecare cu 1/12 din amestecul de unt, aduceți folie în jurul creveților; răsuciți strâns pentru a sigila. Puneți pachetele de creveți pe jar. Gatiti 5 minute.

Face 12 pachete

9. creveți busuioc

Ingrediente

- 2 1/2 linguri ulei de măsline
- 1/4 cană unt, topit
- 1/2 lămâi, suc
- linguri de muștar preparat cu granule grosiere
- uncii de busuioc proaspăt tocat
- catei de usturoi, tocati
- Sarat la gust
- 1 praf de piper alb
- 3 kilograme de creveți proaspeți, curățați și devenați

Directii

a) Într-un vas sau castron puțin adânc, neporos, amestecați uleiul de măsline și untul topit. Se amestecă apoi sucul de lămâie, muștarul, busuiocul și usturoiul și se condimentează cu sare și piper alb. Se adaugă creveții și se amestecă. Acoperiți și puneți la frigider sau la rece timp de 1 oră. Preîncălziți grătarul la foc mare.

b) Scoateți creveții din marinată și puneți-le pe frigărui. Ungeți ușor grătarul și aranjați frigăruile pe grătar. Gatiti 4 minute, intorcand o data, pana se termina.

10. Creveți învețiți în bacon la grătar

Ingrediente

- 1 lb. creveți mari
- felii de bacon, taiate in 1/2
- brânză pepper jack

Directii

a) Spălați, decojiți și decorticați crevetii. Tăiați spatele fiecărui creveți. Puneți o felie mică de brânză în fantă și înveliți cu o bucată de slănină. Folosiți o scobitoare pentru a ține împreună.

b) Gatiti pe gratar pana cand baconul este usor crocant. Acesta este delicios și ușor!

11. Creveți la grătar

Ingrediente

- 1 kilogram de creveți de mărime medie
- 3-4 linguri ulei de masline
- 2 linguri „Old Bay condimente"

Directii

a) Curăță și devine creveții, lăsând pe cozi. Puneți toate ingredientele într-o pungă cu fermoar și agitați bine. Aceasta se poate marina 5 minute sau câteva ore.

b) Puneți creveții pe o „tigaie pentru grătar" (cu găuri, astfel încât creveții să nu cadă între grătarele de pe grătar) și grătarați la mediu înalt timp de câteva minute. Foarte iute

Servici 2

12. Coacerea cu creveți din Alabama

Ingrediente

- 1 cană de unt sau margarină, topit
- 3/4 cană suc de lămâie
- 3/4 cană sos Worcestershire
- 1 lingura sare
- 1 lingura piper macinat grosier
- 1 lingurita rozmarin uscat
- 1/8 lingurita de ardei rosu macinat
- 1 lingura sos iute
- 3 catei de usturoi, tocati
- 2 1/2 kilograme de creveți mari sau jumbo necurățați
- 2 lămâi, feliate subțiri
- 1 ceapă medie, feliată subțire
- Crengute proaspete de rozmarin

Directii

a) Combină primele 9 ingrediente într-un castron mic; pus deoparte.
b) Clătiți creveții cu apă rece; se scurge bine. Puneți creveți, felii de lămâie și felii de ceapă într-o tavă de copt neunsă de 13 x 9 x 2 inci. Turnați amestecul de unt peste creveți. Coaceți neacoperit, la 400 de grade F, timp de 20 până la 25 de minute sau până când creveții devin

roz, ungând ocazional cu sucuri din tigaie. Se ornează cu crenguțe proaspete de rozmarin.

13. Aproape Creveți Paesano

Ingrediente

- Crevetă
- 1 ou
- 1 cană lapte
- Sare si piper dupa gust
- 1 kilogram de creveți foarte mari, decojiți și devenați, cu coada lăsată
- 1/2 cană făină universală
- Ulei vegetal

Directii

a) Într-un castron puțin adânc, combinați ouăle, laptele, sarea și piperul. Înmuiați creveții în amestec, apoi scufundați ușor în făină.

b) Se încălzește uleiul într-o tigaie până se încinge, apoi se adaugă creveți câte 4 până la 6, asigurându-vă că creveții au suficient spațiu pentru a găti. (Este important ca creveții să nu fie unul lângă celălalt sau să nu se atingă.) Rumeniți-i pe o parte, apoi întoarceți-i și rumeniți-i pe cealaltă. Gătiți până când este gata sau puneți pe o foaie de copt într-un cuptor preîncălzit la 350 de grade F pentru a termina gătitul. Între timp, pregătiți sosul.

14. Risotto cu fasole și creveți

Ingrediente

- 1 ½ cană ceapă, tocată
- 1 lb. creveți decojiți și devenați
- 4 catei de usturoi, tocati
- 1 cană de mazăre snap
- 1 lingură ulei de măsline
- 1 cutie de fasole sau ½ cani fierte
- 3 până la 4 oz. ciuperci, feliate
- fasole uscată, clătită,
- 1 ½ cană de orez Arborio, scurs
- 3 cutii de bulion de pui fără grăsimi, cu conținut redus de sodiu
- 1 roșie medie, tocată
- ceașcă de parmezan sau brânză Asiago
- sare si piper dupa gust

Directii

a) Căleți ceapa, usturoiul și ciupercile în ulei într-o cratiță mare până se înmoaie, 5 până la 8 minute.
b) Amestecați orezul și gătiți 2 până la 3 minute.
c) Se încălzește bulionul până la fierbere într-o cratiță medie; reduceți căldura la minim. Adăugați 1 cană de bulion la orez și gătiți, amestecând constant, până când bulionul este absorbit, 1 până la 2 minute. Adăugați încet 2

căni de bulion și fierbeți, amestecând, până când bulionul se absoarbe.

d) Adăugați creveții, mazărea și bulionul rămas în cratiță. Gatiti, amestecand des, pana cand orezul este fraged si lichidul este absorbit, 5 pana la 10 minute.

e) Adăugați fasolea și roșiile; gătiți 2 până la 3 minute mai mult. Se amestecă brânza; se asezoneaza dupa gust cu sare si piper.

15. Creveți Prăjiți De Bere

Ingrediente

- 3/4 cană bere
- 3 linguri ulei vegetal
- 2 linguri patrunjel tocat
- 4 lingurite sos Worcestershire
- 1 catel de usturoi, tocat
- 1/2 lingurita sare
- 1/8 lingurita piper
- 2 kg de creveți mari, fără coajă

Directii

a) Combinați uleiul, pătrunjelul, sosul Worcestershire, usturoiul, sare și piper. Adăugați creveții; se amestecă. Acoperi; se lasa la temperatura camerei 1 ora.

b) Scurgeți, rezervând marinada. Puneți creveții pe grătarul pentru pui uns bine; coaceți la 4 până la 5 inci de căldură timp de 4 minute. întoarce; ungeti cu marinata. Prăjiți încă 2 până la 4 minute sau până când devin roz strălucitor.

Face 6 portii

16. Creveți Fierți din Golf

Ingrediente

- 1 galon de apă
- 3 uncii de carne de crab
- 2 lămâi, feliate
- 6 boabe de piper
- 2 foi de dafin
- 5 kilograme de creveți cruzi în coajă

Directii

a) Aduceți la fiert apa asezonată cu fierbere de crabi, lămâi, boabe de piper și foi de dafin. Puneți creveți.

b) Când apa revine la fierbere, gătiți creveții jumbo sau mari timp de 12 până la 13 minute și creveții medii timp de 7 până la 8 minute. Luați de pe foc și adăugați 1 litru de apă cu gheață. Lasă să stea timp de 10 minute. Scurgere.

17. Sos Rémoulade

Ingrediente

- 1/2 lingură muștar creol sau mai mult
- 2 linguri ceapa rasa
- 1 litru de maioneză
- 1/4 cană de hrean sau mai mult
- 1/2 cană arpagic tocat
- 1/4 lingurita sare
- 1 lingura suc de lamaie
- 1/4 lingurita piper

Directii

a) Se amestecă toate ingredientele. Serviți peste creveți fierți la rece pentru un fel principal de rémoulade de creveți sau folosiți ca o baie pentru creveți fierți. Sosul este cel mai bun după 24 de ore.
b) Face 2 1/4 cani de sos.

18. **Scampi din California**

Ingrediente

- 1 kilogram unt, clarificat
- 1 lingura de usturoi tocat
- 1 lingurita sare
- 1 lingurita piper
- 1 1/2 kilograme de creveți mari, decojiți și deveniți

Directii

a) Încinge 3 linguri de unt clarificat într-o tigaie mare. Se adaugă usturoiul și se călește.
Adăugați sare și piper și creveții, care se pot face fluture, dacă doriți. Se calesc pana cand crevetii isi schimba culoarea si sunt fragezi. Adăugați untul rămas și încălziți. Puneți creveții pe farfurii și puneți peste unt fierbinte.
b) Face 4 până la 6 porții
c)

19. Creveți cu șampanie și paste

Ingrediente

- 8 uncii paste de păr de înger
- 1 lingura ulei de masline extravirgin
- 1 cană ciuperci proaspete feliate
- 1 kilogram de creveți medii, decojiți și devenați
- 1-1/2 cană de șampanie
- 1/4 lingurita sare
- 2 linguri de eșalotă tocată
- 2 roșii prune, tăiate cubulețe
- 1 cană smântână groasă
- sare si piper dupa gust
- 3 linguri patrunjel proaspat tocat
- parmezan proaspăt ras

Directii

a) Aduceți la fiert o oală mare cu apă ușor sărată. Fierbe pastele în apă clocotită timp de 6 până la 8 minute sau până când sunt al dente; scurgere. Între timp, încălziți uleiul la foc mediu-mare într-o tigaie mare. Gatiti si amestecati ciupercile in ulei pana se inmoaie. Scoateți ciupercile din tigaie și lăsați-le deoparte.

b) Combinați creveții, șampania și sarea în tigaie și gătiți la foc mare. Când lichidul începe să fiarbă, scoateți creveții din tigaie. Adăugați șalota și roșiile în șampanie; se fierbe până când lichidul se reduce la 1/2 cană, aproximativ 8 minute. Se amestecă 3/4 cană de smântână; se fierbe până devine ușor gros, aproximativ 1 până la 2 minute. Adăugați creveții și ciupercile în sos și încălziți.

c) Ajustați condimentele după gust. Se amestecă pastele fierbinți și fierte cu 1/4 cană de smântână și pătrunjel. Pentru a servi, puneți creveții cu sos peste paste și acoperiți cu parmezan.

20. Creveți de cocos cu jeleu de jalapeño

Ingrediente

- 3 căni de nucă de cocos mărunțită
- 12 (16-20 sau 26-30) creveți, decojiți și devenați
- 1 cană de făină
- 2 ouă, bătute
- Ulei vegetal

Directii

a) Prăjiți ușor nuca de cocos pe o foaie de prăjituri într-un cuptor la 350 de grade F timp de 8 până la 10 minute.
b) Fluture fiecare creveți împărțind pe lungime în centru, tăind trei sferturi din drum. Pasti crevetii in faina si apoi inmuiati in ou. Apăsați nuca de cocos mărunțită în creveți și apoi prăjiți în ulei vegetal la 350 de grade F până când se rumenesc.
c) Serviți cu Jeleu Jalapeño.

21. Creveți Tempura de Cocos

Ingrediente

- 2/3 cană făină
- 1/2 cană amidon de porumb
- 1 ou mare, bătut
- 1 cană nucă de cocos proaspătă rasă
- 1 cană de apă sodă rece cu gheață
- Sare
- 1 kilogram de creveți mari, decojiți, devenați și coada
- Condimente creole
- 1 borcan chutney de mango
- 1 pătlagină
- 1 lingura coriandru, tocat marunt

Directii

a) Preîncălziți friteuza.
b) Într-un bol de amestecare de mărime medie, combinați făina, amidonul de porumb, oul, nuca de cocos și apa cu sodă. Amestecați bine pentru a obține un aluat fin. Asezonați cu sare. Asezonați creveții cu condimente creole. Ținând coada creveților, scufundați în aluat, acoperiți complet și scuturând excesul. Prăjiți creveții în loturi până se rumenesc, aproximativ 4 până la 6 minute. Scoateți și scurgeți pe prosoape de hârtie. Asezonați cu condimente creole.

c) Curăță pătlaginele de coajă. Tăiați pătlaginele subțiri, pe lungime. Prăjiți-le până se rumenesc. Scoateți și scurgeți pe prosoape de hârtie. Asezonați cu condimente creole.

d) Puneți niște chutney de mango în centrul fiecărei farfurii. Așezați creveții în jurul chutney-ului. Se ornează cu pătlagină prăjită și coriandru.

22. Cornsicles cu creveți și oregano

Ingrediente

- 6 spice de porumb
- 1 lingurita sare
- 1/4 lingurita piper alb
- 1 lingură oregano mexican proaspăt tocat sau
- 1 lingurita de oregano mexican uscat
- 12 creveți medii
- 24 bețișoare de popsicle

Directii

a) Curățați, devenați și tăiați creveții. Tăiați porumbul și îndepărtați cojile și mătasea. Păstrați și spălați cojile mai mari. Tăiați boabele de porumb din știulete, răzuind cât mai mult lapte. Măcinați sâmburii folosind o mașină de tocat carne cu o lamă ascuțită. Adăugați sare, piper alb, oregano și creveți. Amesteca bine.

b) Preîncălziți cuptorul la 325 de grade F.

c) Pune o lingură de amestec de porumb în centrul unei coji curate. Îndoiți partea stângă a cojii în centru, apoi în dreapta și apoi îndoiți capătul inferior în sus. Împingeți un bețișor de popsicle 2 până la 3 inci în capătul deschis și prindeți coaja în jurul beței cu degetele. Rupeți o șuviță subțire dintr-o coajă uscată și legați-o în jurul cornsiculului. Asezati rulourile, betisoarele in

aer si foarte apropiate intre ele, intr-o tava de copt din sticla sau tava de paine. Coaceți 30 de minute, până când amestecul de porumb este ferm și solid.
d) Pentru a mânca un porumb, decojește coaja de porumb și mănâncă-o fierbinte din băț, așa cum ai face cu un Popsicle.

23. Creveți cremosi pesto

Ingrediente

- 1 kilogram de paste linguine
- 1/2 cană unt
- 2 căni de smântână groasă
- 1/2 lingurita piper negru macinat
- 1 cană parmezan ras
- 1/3 cană pesto
- 1 kg de creveți mari, curățați și devenați

Directii

Aduceți la fiert o oală mare cu apă ușor sărată. Adăugați pastele linguine și gătiți timp de 8 până la 10 minute sau până când sunt al dente; scurgere. Într-o tigaie mare, se topește

untul la foc mediu. Se amestecă smântâna și se condimentează cu piper. Gatiti 6-8 minute, amestecand continuu. Se amestecă parmezanul în sosul de smântână, amestecând până se amestecă bine. Amestecați pesto-ul și gătiți timp de 3 până la 5 minute, până se îngroașă. Amestecați creveții și gătiți până devin roz, aproximativ 5 minute. Serviți peste linguine fierbinte.

24. Creveți Delta

Ingrediente

- 2 litri de apă
- 1/2 lămâie mare, feliată
- 2 1/2 kilograme de creveți mari proaspeți nedecojiți
- 1 cană ulei vegetal
- 2 linguri sos iute
- 1 1/2 linguriță ulei de măsline
- 1 1/2 linguriță de usturoi tocat
- 1 lingurita patrunjel proaspat tocat
- 3/4 lingurita sare
- 3/4 linguriță condiment Old Bay
- 3/4 linguriță busuioc întreg uscat
- 3/4 linguriță oregano întreg uscat
- 3/4 linguriță de cimbru întreg uscat
- Salată verde cu frunze

Directii

a) Aduceți apă și lămâie la fiert; adăugați creveții și gătiți 3 până la 5 minute. Scurgeți bine; clătiți cu apă rece. Curățați și devine creveții, lăsând cozile intacte. Puneți creveții într-un castron mare.

b) Combinați uleiul și următoarele 9 ingrediente; se amestecă cu un tel de sârmă. Se toarnă peste creveți. Se amestecă pentru a acoperi creveții.

25. Creveți Cremeți

Ingrediente

- 3 conserve supa crema de creveti
- 1 1/2 linguriță pudră de curry
- 3 căni de smântână
- 1 1/2 kilograme de creveți, fierți și curățați

Directii
a) Se amestecă toate ingredientele și se încălzește în partea de sus a fierbei.
b) Serviți peste orez sau în coji de chiftelușe.

26. Canoe de vinete

Ingrediente

- 4 vinete medii
- 1 cană ceapă, tocată
- 1 cană ceapă verde, tocată
- 4 catei de usturoi, tocati
- 1 cană ardei gras, tocat
- 1/2 cana telina, tocata
- 2 foi de dafin
- 1 lingurita de cimbru
- 4 lingurite sare
- 1 lingurita piper negru
- 4 linguri unsoare de bacon
- 1 1/2 kilograme de creveți cruzi, decojiți
- 1/2 cană (1 baton) unt
- 1 lingură sos Worcestershire
- 1 lingurita sos iute Louisiana
- 1 cană pesmet italian condimentat
- 2 ouă, bătute
- 1/2 cana patrunjel, tocat
- 1 kilogram de carne de crab
- 3 linguri suc de lamaie
- 8 linguri de brânză Romano, rasă
- 1 cană brânză Cheddar ascuțită, rasă

Directii

a) Tăiați vinetele în jumătate pe lungime și fierbeți în apă cu sare timp de aproximativ 10 minute sau până se înmoaie. Scoateți interiorul și tăiați mărunt. Puneți cojile de vinete într-un vas de copt puțin adânc. Căliți ceapa, ceapa verde, usturoiul, ardeiul gras, țelina, foile de dafin, cimbru, sare și piper în unsoare de slănină timp de aproximativ 15 până la 20 de minute. Se adauga vinetele tocate si se fierbe acoperit aproximativ 30 de minute.

b) Într-o tigaie separată, prăjiți creveții în unt până devin roz, aproximativ 2 minute, apoi adăugați în amestecul de vinete. Adăugați sos Worcestershire, sos iute, pesmet și ouă în amestecul de vinete. Se amestecă pătrunjel și sucul de lămâie. Adăugați brânză. Încorporați ușor carnea de crab. Umpleți cojile de vinete cu amestec. Coaceți descoperit la 350 de grade F până când este fierbinte și rumenit, aproximativ 30 de minute.

Da 8 portii

27. Creveți cu usturoi

Ingrediente

- 2 linguri ulei de masline
- 4 catei de usturoi, taiati felii subtiri
- 1 lingura ardei rosu macinat
- 1 kilogram de creveți
- sare si piper, dupa gust

Directii

a) Încinge uleiul de măsline într-o tigaie la foc mediu. Adăugați usturoiul și ardeiul roșu. Se caleste pana se rumeneste usturoiul, amestecand des pentru a te asigura ca usturoiul nu se arde.

b) Arunca crevetii in ulei (ai grija ca uleiul sa nu te stropeasca). Gatiti 2 minute pe fiecare parte, pana devine roz.

c) Adăugați sare și piper. Gatiti inca un minut inainte de a se lua de pe foc. Se serveste cu felii de bagheta (stil tapas) sau cu paste.

d) Dacă amestecați cu paste: începeți într-o cratiță mare. Gătiți creveții conform instrucțiunilor, în timp ce faceți pastele într-o oală separată (probabil că veți începe pastele înainte de creveți, deoarece creveții durează doar 5-7 minute). În timp ce scurgeți pastele, rezervați puțin din apa pentru paste.

e) Când creveții sunt gata, turnați pastele fierte în cratița cu creveții și amestecați bine, acoperind pastele cu uleiul infuzat cu usturoi și ardei roșu. Adăugați apa rezervată pentru paste, câte linguri, dacă este necesar.
f) Acoperiți cu pătrunjel tocat.

28. Creveți marinați la grătar

Ingrediente

- 1 cană ulei de măsline
- 1/4 cana patrunjel proaspat tocat
- 1 lămâie, suc
- 2 linguri sos de ardei iute
- 3 catei de usturoi, tocati
- 1 lingura pasta de rosii
- 2 lingurite de oregano uscat
- 1 lingurita sare
- 1 lingurita piper negru macinat
- 2 kg de creveți mari, decojiți și devenați, cu cozi atașate
- Frigarui

Directii

a) Într-un castron, amestecați uleiul de măsline, pătrunjelul, sucul de lămâie, sosul iute, usturoiul, pasta de roșii, oregano, sare și piper negru. Rezervați o cantitate mică pentru ungere mai târziu. Turnați marinada rămasă într-o pungă mare de plastic resigilabilă cu creveți. Sigilați și marinați la frigider timp de 2 ore.

b) Preîncălziți grătarul la foc mediu-mic. Așezați creveții pe frigărui, piergând o dată lângă coadă și o dată lângă cap. Aruncați marinata.

c) Gratarul gratarului cu ulei usor. Gătiți creveții timp de 5 minute pe fiecare parte sau până când devin opace, ungeți frecvent cu marinada rezervată.

29. Creveți Texas

Ingrediente

- 1/4 cană ulei vegetal
- 1/4 cană tequila
- 1/4 cană oțet de vin roșu
- 2 linguri suc de lime mexican
- 1 lingură ardei iute roșu măcinat
- 1/2 lingurita sare
- 2 catei de usturoi, tocati marunt
- 1 ardei gras rosu, tocat marunt
- 24 de creveți mari cruzi, decojiți și de-veniți

Directii

a) Amestecați toate ingredientele, cu excepția creveților, într-un vas de sticlă puțin adânc sau de plastic. Se amestecă creveții. Acoperiți și lăsați la frigider pentru 1 oră.

b) Scoateți creveții din marinată, rezervând marinata. Așezați 4 creveți pe fiecare dintre cele șase frigărui de metal (8-inch). Prăjiți pe cărbuni medii, întorcându-se o dată, până când devine roz, 2 până la 3 minute pe fiecare parte.

c) Se încălzește marinada până la fierbere într-o cratiță nereactivă. Reduceți căldura la minim. Se fierbe neacoperit până când ardeiul gras este fraged, aproximativ 5 minute. Serviți cu creveți.

30. Frigarui de creveti hawaiani

Ingrediente

- 1/2 kg de creveți, decojiți, devenați și nefierți
  1/2 kg de dafin sau scoici de mare 1 cutie de bucăți de ananas în suc
- 1 ardei gras verde, taiat felii
- felii de bacon

Sos:

- 6 uncii de sos gratar
- 16 uncii salsa
- 2 linguri suc de ananas
- 2 linguri de vin alb

Directii

a) Amestecă ingredientele pentru sos până se amestecă uniform. Frigărui bucăți de ananas, creveți, scoici, felii de ardei gras și felii de slănină împăturite.

b) Se unge frigaruia uniform pe fiecare parte si se grata. Gatiti pana crevetii au o culoare roz. Serviți cu orez.

31. Creveți la grătar cu miere și cimbru

Ingrediente

- Marinada cu usturoi prajit
- 2 kilograme de creveți mari, proaspeți sau congelați, nefierți, în coajă
- 1 ardei gras roșu mediu, tăiat în pătrate de 1 inch și albit
- 1 ardei gras galben mediu, tăiat în pătrate de 1 inch și albit
- 1 ceapă roșie medie, tăiată în sferturi și separată în bucăți

Directii

a) Pregătiți marinada de usturoi prăjit
b) Curățați creveții. (Dacă creveții sunt înghețați, nu dezghețați; curățați-l în apă rece.) Faceți o tăietură superficială pe lungime, pe spatele fiecărui creveți; spălați vena.
c) Turnați 1/2 cană de marinată într-o pungă mică de plastic resigilabilă; sigilați punga și dați la frigider până la servire. Turnați marinata rămasă într-o pungă mare de plastic resigilabilă. Adăugați creveții, ardeiul gras și ceapa, întorcându-se pentru a acoperi cu marinată. Sigilați punga și puneți la frigider cel puțin 2 ore, dar nu mai mult de 24 de ore.
d) Ungeți gratarul cu ulei vegetal. Încălzește cărbuni sau grătar cu gaz pentru încălzire directă. Scoateți creveții și legumele din

marinadă; se scurge bine. Aruncați marinata. Așezați alternativ creveții și legumele pe fiecare dintre cele șase frigărui de metal de 15 inci, lăsând spațiu între fiecare.

e) Grătiți broșele descoperite la 4 până la 6 inci de la căldură CALDE 7 până la 10 minute, întorcându-le o dată, până când creveții devin roz și tari. Puneți broșele pe tava de servire. Tăiați un colț mic dintr-o pungă mică de plastic de marinată rezervată, folosind foarfecele. Stropiți marinada peste creveți și legume.

Randament: 6 portii.

32. Marinada cu usturoi prajit

Ingrediente
- 1 usturoi cu bulb mediu
- 1/3 cană ulei de măsline sau vegetal
- 2/3 cană suc de portocale
- 1/4 cană muștar cu miere picant
- 3 linguri miere
- 3/4 lingurita frunze de cimbru uscat, zdrobite

Directii
a) Preîncălziți cuptorul la 375 de grade F.
b) Tăiați o treime din vârful bulbului de usturoi nedecojit, expunând cățeii. Pune usturoiul într-o tavă mică de copt; stropiți cu ulei.
c) Acoperiți strâns și coaceți 45 de minute; rece. Stoarceți pulpa de usturoi de pe pielea hârtiei. Pune usturoiul și restul ingredientelor în blender.
d) Acoperiți și amestecați la viteză mare până se omogenizează. Face aproximativ 1 1/2 cani.

33. Creveți fierbinți și picante

Ingrediente

- 1 kilogram unt
- 1/4 cană ulei de arahide
- 3 catei de usturoi, tocati
- 2 linguri rozmarin
- 1 lingurita busuioc tocat
- 1 lingurita de cimbru tocat
- 1 lingurita oregano tocat
- 1 ardei iute mic, tocat, sau
- 2 linguri de piper cayenne macinat
- 2 lingurițe de piper negru proaspăt măcinat
- 2 foi de dafin, maruntite
- 1 lingura boia
- 2 lingurite suc de lamaie
- 2 kilograme de creveți cruzi în coajă
- Sare

Directii

a) Creveții ar trebui să aibă o dimensiune de 30-35 pe kilogram.

b) Topiți untul și uleiul într-o tavă de copt ignifugă. Adăugați usturoiul, ierburile, ardeii, foile de dafin, boia de ardei și sucul de lămâie și aduceți la fierbere. Reduceți focul și fierbeți 10 minute, amestecând des. Luați vasul de pe foc și lăsați aromele să se căsătorească cel puțin 30 de minute.

c) Acest sos de unt fierbinte poate fi făcut cu o zi înainte și refrigerat. Preîncălziți cuptorul la

450 de grade F. Reîncălziți sosul, adăugați creveții și gătiți la foc mediu până când creveții devin roz, apoi coaceți în cuptor aproximativ 30 de minute. Gustati pentru condimentare, adaugand sare daca este necesar.

d) Umpleți sosul de unt cu pâine crosta după ce creveții au fost mâncați.

34. Creveți italieni la grătar

Ingrediente
- 2 kilograme de creveți jumbo
- 1/4 cană ulei de măsline
- 2 linguri de usturoi, tocat
- 1/4 cană făină
- 1/4 cană unt, topit
- 4 linguri patrunjel, tocat
- 1 cană sos de unt tras

Directii
a) Creveți cu coajă, lăsând cozile. Se usucă, apoi se pudrează cu făină. Amestecați uleiul și untul într-o tavă plată de copt; adăugați creveți. Se fierb la foc mediu timp de 8 minute. Adăugați usturoiul și pătrunjelul în sosul de unt tras. Se toarnă peste creveți.

b) Se amestecă până când creveții sunt acoperiți. Mai fierbeți încă 2 minute.

35. Creveți Jerk cu orez dulce jamaican

Ingrediente
- 1 kilogram de creveți medii (51-60 de număr), cruzi, cu coajă pe condiment Jerk
- 2 căni de orez fierbinte
- 1 cutie (11 uncii) de mandarine, scurse și tocate
- 1 (8 uncii) cutie de ananas zdrobit, scurs
- 1/2 cană ardei gras roșu tocat
- 1/4 cană migdale felii, prăjite
- 1/2 cană de ceai tăiat felii
- 2 linguri de nucă de cocos fulgi, prăjită
- 1/4 lingurita de ghimbir macinat

Directii
a) Pregătiți marinada de jerk conform instrucțiunilor de pe ambalaj de pe spatele condimentului jerk.
b) Curățați și devineți creveții lăsând coada. Puneți în marinadă în timp ce pregătiți orezul.
c) Într-o tigaie mare, combinați toate ingredientele rămase. Gatiti la foc mediu-mare, amestecand constant timp de 5 minute sau pana cand se incalzesc bine. Scoateți creveții din marinată. Așezați într-un singur strat în tigaie pentru broiler. Prăjiți la 5 până la 6 inci de căldură timp de 2 minute.
d) Se amestecă bine și se prăjește încă 2 minute sau până când creveții sunt doar roz.
e) Serviți cu orez.

36. Creveți prăjiți cu lămâie și usturoi

Ingrediente
- 2 kilograme de creveți medii, decojiți și devenați
- 2 catei de usturoi, taiati in jumatate
- 1/4 cană unt sau margarină, topit
- 1/2 lingurita sare
- Piper măcinat grosier
- 3 picături de sos iute
- 1 lingură sos Worcestershire
- 5 linguri patrunjel proaspat tocat

Directii

a) Puneți creveții într-un singur strat într-o tavă cu jeleu de 15 x 10 x 1 inch; pus deoparte.

b) Se caleste usturoiul in unt pana se rumeneste; îndepărtați și aruncați usturoiul. Adăugați ingredientele rămase, cu excepția pătrunjelului, amestecând bine. Se toarnă amestecul peste creveți. Prăjiți creveții 4 inci de la căldură timp de 8 până la 10 minute, ungeți o dată. Se presara patrunjel.

Da 6 portii.

37. Creveți Lime Piper

Ingrediente
- 1 kg de creveți mari, curățați și devenați
- 1 lingura ulei de masline
- 1 lingura rozmarin proaspat tocat
- 1 lingura de cimbru proaspat tocat
- 2 lingurite de usturoi tocat
- 1 lingurita piper negru macinat grosier
- Un praf de ardei rosu macinat
- Sucul unui lime

Directii
a) Într-un castron mediu, combinați creveții, uleiul, ierburile și ardeii. Se amestecă bine pentru a acoperi creveții. Lăsați să stea la temperatura camerei timp de 20 de minute.
b) Încinge o tigaie mare fără lipire la foc mediu-înalt timp de 3 minute. Adăugați creveții într-un singur strat. Gătiți timp de 3 minute pe fiecare parte sau până când creveții devin roz și tocmai gătiți. Nu gătiți prea mult. Se ia de pe foc si se amesteca cu zeama de lamaie.

38. Esplanada cu creveți din Louisiana

Ingrediente
- 24 de creveți proaspeți mari
- 12 uncii de unt
- 1 lingura de usturoi pasat
- 2 linguri sos Worcestershire
- 1 lingurita de cimbru uscat
- 1 lingurita rozmarin uscat
- 1/2 lingurita oregano uscat
- 1/2 lingurita de ardei rosu macinat
- 1 lingurita piper cayenne
- 1 lingurita piper negru
- 8 uncii de bere
- 4 căni de orez alb fiert
- 1/2 cană de ceai tăiat mărunt

Directii

a) Se spala crevetii si se lasa in coaja. Topiți untul într-o tigaie mare și amestecați usturoiul, sosul Worcestershire și condimentele.

b) Adăugați creveții și scuturați tigaia pentru a scufunda creveții în unt, apoi prăjiți la foc mediu-înalt timp de 4 până la 5 minute până devin roz.

c) Apoi, turnați berea și amestecați încă un minut, apoi luați de pe foc. Cojiți și devenați creveții și aranjați pe un pat de orez. Deasupra se toarnă sucul din tigaie și se ornează cu ceapă tocată.

d) Serviți imediat.

39. Creveți prăjiți Malibu

Ingrediente
- 1 lingura ulei de arahide
- 1 lingura de unt
- 1 lingura de usturoi tocat
- 1 kilogram de creveți medii, decojiți și devenați
- 1 cană ciuperci feliate
- 1 legătură de ceai verde, tăiat felii
- 1 ardei roșu dulce, fără semințe, tăiat în fâșii subțiri de 2".
- 1 cană de mazăre proaspătă sau congelată
- 1 cană de rom Malibu
- 1 cană smântână groasă
- 1/4 cană busuioc proaspăt tocat
- 2 lingurițe de pastă de chili măcinat
- Suc de 1/2 lime
- Piper negru proaspăt măcinat
- 1/2 cană nucă de cocos mărunțită
- 1 kg fettuccini, fierte

Directii

a) Încinge uleiul și untul la foc mare într-o tigaie mare. Adăugați usturoi timp de 1 minut. Adăugați creveții, gătiți 2 minute până când devin roz. Adăugați legumele și prăjiți 2 minute.

b) Adăugați rom și fierbeți 2 minute. Adăugați smântână și fierbeți 5 minute. Adăugați condimentele rămase. Se amestecă cu nucă de cocos și paste fierte.

40. Creveți la cuptor

Ingrediente
- 4 kilograme de creveți proaspeți mari, nedecojite sau 6 kilograme de creveți cu capete pe
- 1/2 cană unt
- 1/2 cană ulei de măsline
- 1/4 cană sos chili
- 1/4 cană sos Worcestershire
- 2 lămâi, feliate
- 4 catei de usturoi, tocati
- 2 linguri condimente creole
- 2 linguri suc de lamaie
- 1 lingura patrunjel tocat
- 1 lingurita boia
- 1 lingurita oregano
- 1 lingurita de ardei rosu macinat
- 1/2 lingurita sos iute
- paine frantuzeasca

Directii
a) Răspândiți creveții într-o tigaie superficială, căptușită cu folie de aluminiu.
b) Combinați untul și următoarele 12 ingrediente într-o cratiță la foc mic, amestecând până când untul se topește și turnați peste creveți. Acoperiți și răciți 2 ore, întorcând creveții la fiecare 30 de minute.
c) Coaceți, descoperit, la 400 de grade F timp de 20 de minute; întoarce o dată.

d) Se serveste cu paine, salata verde si porumb pe stiule pentru o masa completa.

41. Salată de creveți foarte tare

Ingrediente
- 2 lbs. Creveți medii
- 1 cană Miracle Whip
- 1/2 cană ceapă verde
- 1 ardei gras verde
- 1 Cap mic de salată verde
- 1 roșie medie
- 1/2 cană brânză Mozzarella

Directii

a) Curățați, devine și fierbeți creveții. Tăiați salata verde, ardeiul gras, roșiile, ceapa verde și creveții și amestecați împreună într-un castron... Tocați brânza mozzarella și adăugați-o în salată.

b) Adăugați biciul miracol și amestecați bine.

42. M-80 Rock Creveți

Sos M-80

- 1 lingura amidon de porumb
- 1 cană apă
- 1 cană sos de soia
- 1 cană zahăr brun deschis
- 1 lingură pastă de chile sambal
- cana suc de portocale proaspat stors 1 ardei iute serrano, tocat marunt
- catei de usturoi, tocati marunt (aproximativ 1 lingura)
- O bucată de 2 inci de ghimbir proaspăt, răzuit/decojit și tocat mărunt

Slaw

- varză verde, tăiată subțire (aproximativ 1½ cani)
- varză roșie, feliată subțire (aproximativ 1½ cani)
- morcov mediu, tăiat subțire în bucăți de 2 inci
- ardei roșu mediu, feliat subțire
- ceapa rosie medie, taiata felii subtiri
- 1 cățel de usturoi, feliat subțire
- 1 ardei iute Serrano, feliat subțire
- frunze de busuioc, feliate subțiri

Crevetă

- Ulei vegetal
- 2 kg de creveți rock (sau înlocuiți 16-20 de creveți tăiați în cuburi mici) 1 cană de zară
- 3 cani de faina universala
- Seminte de susan alb-negru
- 1 lingură ceapă verde, tăiată subțire
- Frunze de coriandru

Directii

a) Preparați sosul M-80: într-un castron mic, amestecați amidonul de porumb și apa. Pus deoparte.
b) Într-o cratiță mică, amestecați sosul de soia, zahărul brun, pasta de chile, sucul de portocale, chile, usturoiul și ghimbirul și aduceți sosul la fiert. Reduceți focul și fierbeți timp de 15 minute. Adaugam amestecul de amidon de porumb-apa si aducem sosul din nou la fiert.
c) Preparați salata: într-un castron mediu, amestecați varza verde și roșie, morcovul, ardeiul roșu, ceapa, usturoiul, ardeiul și busuiocul. Pus deoparte.
d) Faceți creveții: într-o cratiță medie pusă la foc mare, adăugați suficient ulei pentru a ajunge la jumătatea oală; încălziți până când uleiul atinge

350° (folosește un termometru pentru a măsura temperatura). Pune creveții rock într-un castron mare și toarnă laptele peste ei.

e) Folosiți o lingură cu fantă pentru a îndepărta creveții, scurgeți excesul de zar și, într-un castron separat, amestecați creveții cu făina. Prăjiți creveții timp de 1 până la $1\frac{1}{2}$ minut.

43. Toast al oraşului

Ingrediente

- Douăsprezece creveți de 16-20 de număr, devenați și scoițele îndepărtate
- Sare și piper negru proaspăt măcinat
- 2 avocado
- 2 linguri de suc de lime (aproximativ 1 lime medie), împărțit
- 2 linguri coriandru tocat fin
- 2 lingurite jalapeño tocat fin (aproximativ 1 jalapeño mediu)
- 1 grapefruit
- 1 bagheta mica, feliata in felii de $\frac{1}{4}$ inch ulei de masline extravirgin
- Sare si piper negru proaspat macinat $\frac{1}{4}$ cana fistic, prajit si tocat

Directii

a) Puneți creveții pe o farfurie mică și asezonați cu sare și piper. Tăiați avocado pe lungime în jurul sâmburilor și îndepărtați sâmburii. Tăiați pulpa de avocado într-un model cu hașura încrucișată și folosiți o lingură pentru a scoate pulpa de avocado într-un castron mediu. Combinați avocado cu $1\frac{1}{2}$ linguriță de suc de lămâie și coriandru și jalapeño.

b) Folosiți un cuțit pentru a îndepărta pielea și orice muscă de pe pulpa de grepfrut și tăiați felii de-a lungul membranelor pentru a îndepărta segmentele. Pus deoparte.

c) Ungeți feliile de baghetă cu ulei de măsline și asezonați cu sare și piper. Puneți feliile de baghetă în prăjitor de pâine și prăjiți până se rumenesc.

d) Într-o tigaie medie pusă la foc mediu, încălziți 1½ linguriță de ulei de măsline și adăugați creveții. Gatiti timp de un minut pe o parte, apoi intoarceti si gatiti inca 30 de secunde pe cealalta parte. Transferați creveții într-un castron și amestecați cu ½ lingură rămasă de suc de lămâie.

e) Pentru asamblare: întindeți 2 linguri de amestec de avocado pe fiecare felie de baghetă. Acoperiți cu una sau două bucăți de creveți și un segment de grapefruit. Presărați fistic deasupra și serviți imediat.

44. Creveți a la Plancha peste pâine prăjită Allioli cu șofran

Randament: 4 porții

Ingrediente
Aioli
- Praf mare de șofran
- 2 galbenusuri mari
- 1 catel de usturoi, tocat marunt
- 2 lingurite sare kosher
- 3 cani de ulei de masline extravirgin, de preferat spaniol
- 2 lingurite suc de lamaie, plus mai mult daca este nevoie

Creveță
- Patru felii de pâine de țară de $\frac{1}{2}$ inch grosime
- 2 linguri ulei de masline extravirgin
- $1\frac{1}{2}$ kilograme de creveți jumbo cu coajă de 16/20 de număr
- Sare cușer
- 2 lămâi, tăiate la jumătate
- 3 catei de usturoi, tocati marunt
- 1 lingurita piper negru proaspat macinat
- 2 cani de sherry uscat
- 3 linguri de patrunjel cu frunze plate tocat grosier

Directii

a) Pregătiți aioli: Într-o tigaie mică, pusă la foc mediu, prăjiți șofranul până devine casant, 15 până la 30 de secunde. Întoarceți-l pe o farfurie mică și zdrobiți-l cu dosul unei linguri. Într-un castron mediu, adăugați șofranul, gălbenușurile de ou, usturoiul și sarea și amestecați energic până se combină bine. Începeți să adăugați uleiul de măsline câteva picături pe rând, amestecând bine între adăugiri, până când aioliul începe să se îngroașe, apoi stropiți uleiul rămas în amestec într-un flux foarte lent și constant, amestecând aioli până devine gros și cremos.

b) Adăugați sucul de lămâie, gustați și ajustați cu mai multă zeamă de lămâie și sare după cum este necesar. Transferați într-un castron mic, acoperiți cu folie de plastic și puneți la frigider.

c) Pregătiți pâinea prăjită: reglați un grătar de cuptor în poziția cea mai de sus și broilerul la sus. Puneți feliile de pâine pe o foaie de copt cu margine și ungeți ambele părți ale pâinii cu 1 lingură de ulei. Pâinea prăjită până devine maro-aurie, aproximativ 45 de secunde. Întoarceți pâinea și prăjiți cealaltă parte (vizionați cu atenție broilerul, deoarece variază intensitatea broilerului), cu 30 până la 45 de secunde mai mult. Scoateți pâinea din cuptor și puneți fiecare felie pe o farfurie.

d) Într-un castron mare, puneți creveții. Folosește un cuțit de toaletă pentru a face o fante mică în spatele curbat al creveților, îndepărtând vena și lăsând coaja intactă. Se încălzește o tigaie mare, cu fundul greu, la foc mediu-mare, până aproape că se afumă, 1½ până la 2 minute. Adăugați 1 lingură rămasă de ulei și creveții. Peste creveți se presară un praf bun de sare și zeama de la jumătate de lămâie și se fierbe până când creveții încep să se înmulțească și marginile cojii se rumenesc, 2-3 minute.

e) Folosiți clește pentru a întoarce creveții, stropiți cu mai multă sare și sucul de la o altă jumătate de lămâie și gătiți până când creveții devin roz strălucitor, cu aproximativ 1 minut mai mult.

f) Faceți o adâncitură în centrul tigaii și adăugați usturoiul și piperul negru; odată ce usturoiul este parfumat, după aproximativ 30 de secunde, se adaugă sherry, se aduce la foc mic și se amestecă amestecul de usturoi-sherry în creveți. Gătiți, amestecând și răzuind bucățile maro de pe fundul tigaii în sos. Opriți focul și stoarceți zeama de la o altă jumătate de lămâie. Tăiați jumătate de lămâie rămasă în felii.

g) Întindeți partea de sus a fiecărei felii de pâine cu o lingură generoasă de aioli cu șofran. Împărțiți creveții în farfurii și turnați puțin sos peste fiecare porție. Se presara patrunjel si se serveste cu felii de lamaie.

45. Curry de creveți cu muștar

Ingrediente:

- 1 lb. creveți
- 2 linguri ulei
- 1 lingurita turmeric
- 2 linguri muștar pudră
- 1 lingurita sare
- 8 ardei iute verzi

Directii

a) Faceți o pastă de muștar într-o cantitate egală de apă. Încinge ulei într-o tigaie antiaderentă și prăjește pasta de muștar și creveții timp de cel puțin cinci minute și adaugă 2 căni de apă călduță.

b) Se aduce la fierbere și se adaugă turmeric și sare și ardei iute verde. Gatiti la foc mediu mic inca douazeci si cinci de minute.

46. Creveți Curry

Ingrediente:

- 1 lb. creveți, curățați și devenați
- 1 ceapă, piure
- 1 lingurita pasta de ghimbir
- 1 lingurita pasta de usturoi
- 1 roșie, piure
- 1 linguriță pudră de turmeric
- 1 lingurita praf de chilli
- 1 lingurita chimen praf
- 1 lingurita praf de coriandru
- 1 lingurita sare sau dupa gust
- 1 lingurita suc de lamaie
- Coriandru/frunze de coriandru
- 1 lingura ulei

Directii

a) Se incinge uleiul intr-o tigaie antiaderenta si se calesc ceapa, rosiile, ghimbirul si usturoiul, impreuna cu praful de chimen si coriandru si frunzele de coriandru/coriandre timp de cinci minute la foc mediu mic.

b) Adăugați creveții, turmeric și pulbere de chili și sare împreună cu o jumătate de cană de apă călduță și gătiți la foc mediu mic timp de douăzeci și cinci de minute. Tine tigaia acoperita cu un capac. Amestecați bine pentru a lăsa creveții să se amestece cu condimentele. Se condimentează cu suc de lămâie, se ornează cu coriandru/coriandru înainte de servire.

47. Creveți în sos de usturoi

Ingrediente
- 12 catei de usturoi, tocati grosier
- 1 cană ulei vegetal
- 1/4 cană (1/2 baton) unt nesărat
- 1 1/2 kilograme de creveți proaspeți, decojiți, devenați și tăiați cu fluturi (lăsați cozile intacte)

Directii

a) Într-o tigaie mare, căliți usturoiul în ulei mediu încins (aproximativ 300 de grade F) până când se rumenește deschis. Urmăriți cu atenție pentru a nu arde. După aproximativ 6 până la 8 minute, amestecați rapid untul și scoateți imediat de pe foc. Când tot untul a fost adăugat, bucățile vor deveni crocante. Scoateți-le cu o lingură cu șuruburi și rezervați uleiul și untul pentru a sota creveții.

b) Într-o tigaie mare, încălziți aproximativ 2 până la 3 linguri de ulei rezervat și apoi căliți creveții timp de aproximativ 5 minute. Întoarceți foarte scurt și apoi îndepărtați. Adăugați mai mult ulei după cum este necesar pentru a călca toți creveții. Sarat la gust. Se ornează cu bucăți de usturoi și pătrunjel. Serviți cu orez mexican.

c) Încercați să periați uleiul de usturoi peste pâinea franțuzească, apoi să o stropiți cu pătrunjel și să o prăjiți.

d) Serviți asta cu creveții și însoțiți vasul cu o salată de salată și roșii.

48. Creveți în sos de cremă de muștar

Ingrediente
- 1 kg de creveți mari
- 2 linguri ulei vegetal
- 1 şalotă, tocată
- 3 linguri de vin alb sec
- 1/2 cană smântână groasă sau smântână pentru frişcă
- 1 lingură muştar de Dijon cu seminţe
- Sarat la gust

Directii

a) Creveți cu coajă şi devine. Într-o tigaie de 10 inci, la foc mediu, gătiți eşapa în ulei încins timp de 5 minute, amestecând des. Creşteți căldura la mediu-mare. Adăugați creveții. Gatiti 5 minute sau pana cand crevetii devin roz, amestecand des. Scoateți creveții în bol. Adăugați vin în picuraturi în tigaie.

b) Gatiti la foc mediu timp de 2 minute. Adăugați smântână şi muştar. Gatiti 2 minute. Întoarceți creveții în tigaie. Se amestecă până se încălzeşte. Sarat la gust.

c) Serviți peste orez fierbinte, fiert.

d) Porti 4.

49. Gazpacho

Ingrediente

- 2 catei de usturoi
- 1/2 ceapa rosie
- 5 roșii romi
- 2 tulpini de telina
- 1 castravete mare
- 1 dovlecel
- 1/4 cană ulei de măsline extravirgin
- 2 linguri otet de vin rosu
- 2 linguri de zahăr Mai multe liniuțe de sos iute Dash sare
- Păstrați piper negru
- 4 căni de suc de roșii de bună calitate
- 1 kg de creveți, decojiți și devenați felii de avocado, pentru servire
- 2 ouă fierte tari, tocate fin Frunze de coriandru proaspăt, pentru servire Pâine crustă, pentru servire

Directii

a) Tocați usturoiul, tăiați ceapa în felii și tăiați cubulețe roșiile, țelina, castraveții și dovlecelul. Aruncă tot usturoiul, toată ceapa, jumătate din legumele rămase tăiate cubulețe și uleiul în bolul unui robot de bucătărie sau, dacă vrei, într-un blender.

b) Stropiți cu oțet și adăugați zahărul, sosul iute, sare și piper. La final, turnați 2 căni de suc de roșii și amestecați bine. Practic, vei avea o bază de roșii cu un confetti frumos de legume.

c) Turnați amestecul amestecat într-un castron mare și adăugați cealaltă jumătate din legumele tăiate cubulețe. Se amestecă împreună. Apoi amestecați restul de 2 căni de suc de roșii. Da-i un gust si asigura-te ca condimentul este potrivit. Ajustați după cum este necesar. Dați la frigider pentru o oră, dacă este posibil.

d) Creveții se prăjesc pe grătar sau se prăjesc până devin opace. Pus deoparte. Se pune supa în boluri, se adaugă creveții la grătar și se ornează cu felii de avocado, ou și frunze de coriandru. Se serveste cu paine crosta in parte.

50. Linguine cu creveți Alfredo

Ingrediente
- 1 pachet (12 uncii) paste linguine
- 1/4 cană unt, topit
- 4 linguri de ceapa taiata cubulete
- 4 lingurite de usturoi tocat
- 40 de creveți mici, curățați și devenați
- 1 cană jumătate și jumătate
- 2 lingurițe de piper negru măcinat
- 6 linguri de parmezan ras
- 4 fire de patrunjel proaspat
- 4 felii de lamaie, pentru decor

Directii
a) Gatiti pastele intr-o oala mare cu apa clocotita pana al dente; scurgere. Între timp, topește untul într-o cratiță mare. Se caleste ceapa si usturoiul la foc mediu pana se inmoaie. Adăugați creveții; se caleste la foc mare timp de 1 minut, amestecand continuu. Se amestecă jumătate și jumătate.
b) Gatiti, amestecand continuu, pana se ingroasa sosul. Pune pastele într-un vas de servire și acoperă cu sos de creveți. Se presara cu piper negru si parmezan.
c) Se ornează cu pătrunjel și felii de lămâie.

51. Marinara de creveți

Ingrediente
- 1 conserve (16 oz.) de roșii, tăiate
- 2 linguri patrunjel tocat
- 1 catel de usturoi, tocat
- 1/2 lingurița busuioc uscat
- 1 lingurita sare
- 1/4 lingurița de piper
- 1 lingurita oregano uscat
- 1 conserve (6 oz.) de pastă de tomate
- 1/2 lingurița sare condimentată
- 1 lb. creveți decojiți gătiți
- Parmezan ras
- Spaghete fierte

Directii
a) Într-o oală, combinați roșiile cu pătrunjel, usturoi, busuioc, sare, piper, oregano, pasta de roșii și sare condimentată. Acoperiți și gătiți la foc mic timp de 6 până la 7 ore.
b) Rotiți controlul la mare, adăugați creveții, acoperiți și gătiți la foc mare pentru încă 10 până la 15 minute. Serviți peste spaghete fierte.
c) Acoperiți cu parmezan.

52. Creveți Newburg

Ingrediente

- 1 kilogram de creveți, fierți, devenați
- Cutie de 4 uncii de ciuperci
- 3 oua fierte tari, curatate si tocate
- 1/2 cană parmezan
- 4 linguri de unt
- 1/2 ceapa, tocata
- 1 catel de usturoi, tocat
- 6 linguri de faina
- 3 căni de lapte
- 4 linguri sherry uscat
- sos Worcestershire
- Sare si piper
- Sos Tabasco

Directii

a) Preîncălziți cuptorul la 375 de grade F.

b) Topiți untul și apoi căliți ceapa și usturoiul până se înmoaie. Adăugați făina. Amesteca bine. Adaugati treptat laptele, amestecand continuu. Gatiti pana se ingroasa sosul. Adauga sherry si condimentele dupa gust.

c) Într-un castron separat, combinați creveții, ciupercile, ouăle și pătrunjelul. Adăugați sosul împreună cu 1/4 cană de brânză la amestecul de creveți. Amesteca bine.

d) Turnați amestecul într-o tavă de 2 litri și acoperiți cu brânză rămasă. Se punctează cu unt.

e) Se coace 10 minute, pana se rumeneste usor deasupra.

53. Creveți marinați condimentați

Ingrediente

- 2 lbs. Creveți mari, decojiți și devenați
- 1 lingurita de sare
- 1 lămâie, tăiată în jumătate
- 8 cani de apă
- 1 cană oțet de vin alb sau oțet de tarhon
- 1 cană ulei de măsline
- 1-2 ardei iute Serrano (mai mult sau mai puțin, în funcție de gust), semințele și venele îndepărtate, tocate fin
- ¼ cană coriandru proaspăt, tocat
- 2 catei mari de usturoi, tocati sau trecuti printr-o presa de usturoi
- 2 lingurițe coriandru proaspăt, tocat (dacă se dorește)
- 3 cepe verzi (doar partea albă), tocate
- Piper negru proaspăt măcinat, după gust

Directii

a) Combinați apa, sarea și jumătățile de lămâie într-un cuptor olandez și aduceți la fierbere. Adăugați creveții, amestecați și fierbeți ușor timp de 4-5 minute. Se ia de pe foc si se scurge.

b) Combinați oțetul, uleiul de măsline, ardei iute, coriandru și usturoi într-o pungă mare de plastic cu fermoar sau alt recipient de plastic. Adăugați creveții fierți și dați la frigider pentru 12 ore sau peste noapte, întorcându-le de mai multe ori.

c) Pentru a servi, scurgeți lichidul din creveți. Într-un castron mare, combinați creveții răciți cu coriandru suplimentar, ceapa verde și piper negru și amestecați bine. Aranjați într-un vas de servire și serviți imediat.

54. Creveți picante din Singapore

Ingrediente
- 2 kilograme de creveți mari
- 2 linguri de ketchup
- 3 linguri Sriracha
- 2 linguri suc de lamaie
- 2 linguri sos de soia
- 1 lingura zahar
- 2 jalapeño medii, fără semințe și tocate
- bulb alb de 1 tulpină de lemongrass, tocat
- 1 lingura de ghimbir proaspat, tocat
- 4 ceai, feliați subțiri
- 1/4 cana coriandru, tocat

Directii

a) Combinați ketchup-ul, oțetul (dacă folosiți), sosul chili, sucul de lămâie, sosul de soia și zahărul.

b) Într-o tigaie mare, încălziți puțin ulei vegetal și gătiți creveții la foc mare. Când încep să devină roz, întoarce-le.

c) Adăugați puțin ulei și jalapeño, usturoi, lemongrass și ghimbir. Amestecați des până când amestecul este încălzit. Atenție: va mirosi delicios. Încercați să nu vă pierdeți concentrarea.

d) Se prăjesc ceapa verde și amestecul de ketchup în tigaie timp de 30 de secunde, apoi se amestecă cu coriandru tocat. Serviți crevetii cu orez.

55. Creveți Starlight

Ingrediente

- 6 căni de apă
- 2 linguri sare
- 1 lămâie, tăiată la jumătate
- 1 tulpină de țelină, tăiată în bucăți de 3 inci
- 2 foi de dafin
- Un strop de piper cayenne
- 1/4 cana patrunjel, tocat
- 1 pachet fiert crabi/crab/creveți
- 2 lbs. creveți necurățați proaspăt troleți în Mobile Bay
- 1 recipient cu sos cocktail

Directii
a) Tăiați capete de creveți.
b) Combinați primele 8 ingrediente într-o oală mare sau cuptor olandez. Se aduce la fiert. Adăugați creveții în coji și gătiți aproximativ 5 minute până devin roz. Se scurge bine cu apa rece si se da la rece.
c) Curățați și devineți creveții, apoi păstrați în frigider.
d)

CARACATIȚĂ

56. Caracatiță în vin roșu

Ingrediente

- Caracatiță tânără de 1 kg (2,25 lb).
- 8 linguri ulei de măsline
- 350 g (12 oz) ceapă mică sau eșalotă 150 ml (0,25 litri) vin roșu 6 linguri oțet de vin roșu
- 225 g (8 oz) roșii conservate, tăiate grosier 2 linguri piure de roșii
- 4 foi de dafin
- 2 lingurite de oregano uscat
- piper negru
- 2 linguri patrunjel tocat

Directii

a) Mai întâi curățați caracatița. Scoateți tentaculele, îndepărtați și aruncați intestinele și sacul de cerneală, ochii și ciocul. Decojiți caracatița și spălați-o și frecați-o bine pentru a îndepărta orice urmă de nisip. Tăiați-l în bucăți de 4-5 cm (1,5-2 inci) și puneți-l într-o cratiță la foc mediu pentru a elibera lichidul. Se amestecă caracatița până când acest lichid s-a evaporat. Se toarnă uleiul și se amestecă caracatița pentru a o etanșa pe toate părțile. Adaugati ceapa intreaga si caliti-le, amestecand o data sau de doua ori, pana se coloreaza usor.

b) Adăugați vinul, oțetul, roșiile, piureul de roșii, foile de dafin, oregano și câteva felii de piper măcinat. Se amesteca bine, se acopera tigaia si se fierbe foarte usor 1-1,25 ore, verificand din cand in cand ca sosul sa nu s-a uscat. Dacă se întâmplă - și asta s-ar întâmpla doar dacă căldura ar fi prea mare - mai adaugă puțin vin sau apă. Caracatița este gătită atunci când poate fi străpunsă ușor cu o frigărui.

c) Sosul trebuie să fie gros, ca o pastă care curge. Dacă se separă vreun lichid, scoateți capacul din tigaie, creșteți puțin focul și amestecați până când o parte din lichid se evaporă și sosul se îngroașă. Aruncați foile de dafin și amestecați pătrunjelul. Gustați sosul și ajustați condimentele dacă este necesar. Serviți, dacă doriți, cu orez și o salată. Un element esențial grecesc este pâinea de țară pentru a șterge sosul.

PORȚII 4-6

57. Caracatiță murată

Ingrediente

- Caracatiță tânără de 1 kg (2,25 lb).
- aproximativ 150 ml (0,25 litri) ulei de măsline
- aproximativ 150 ml (0,25 litri) oțet de vin roșu 4 căței de usturoi
- sare și piper negru 4-6 tulpini de cimbru sau 1 linguriță de cimbru uscat felii de lămâie, pentru a servi

Directii

a) Pregătiți și spălați caracatița (ca la Octopus la vin roșu). Puneți capul și tentaculele într-o tigaie cu 6-8 linguri de apă, acoperiți și fierbeți timp de 1-1,25 ore până se înmoaie. Testează-l cu o frigărui. Scurgeți orice lichid rămas și lăsați deoparte să se răcească.

b) Tăiați carnea în fâșii de 12 mm (0,5 inci) și împachetați-le lejer într-un borcan cu capac cu șurub. Se amestecă suficient ulei și oțet pentru a umple borcanul - cantitatea exactă va depinde de volumele relative ale fructelor de mare și ale recipientului - se amestecă usturoiul și se condimentează cu sare și piper. Dacă utilizați cimbru uscat, amestecați-l cu lichidul în această etapă. Turnați-o peste caracatiță, asigurându-vă că fiecare ultima bucată este complet scufundată. Dacă folosiți tulpini de cimbru, împingeți-le în borcan.

c) Acoperiți borcanul și lăsați-l deoparte cel puțin 4-5 zile înainte de utilizare.

d) Pentru a servi, scurgeți caracatița și serviți-o pe farfurii sau farfurii individuale mici cu felii de lămâie.

e) Cuburile de pâine veche de cel puțin o zi, înțepate pe bețișoare de cocktail, sunt acompaniamentul obișnuit.

PORȚII 8

58. Caracatiță gătită în vin

Ingrediente
- 1 3/4 lb. caracatiță (dezghețată)
- 4 linguri. ulei de masline
- 2 cepe mari taiate felii
- sare si piper
- 1 frunză de dafin
- 1/4 cană vin alb sec

Directii

a) Scoateți secțiunea capului din caracatiță. Curat. Spălați brațele.

b) Tăiați caracatița în bucăți mici.

c) Gătiți în ulei de măsline la foc mediu aproximativ 10 minute, întorcându-le regulat.

d) Adăugați ceapa, condimentele și vinul. Acoperiți și fierbeți ușor până când caracatița este fragedă, aproximativ 15 minute.

Porti 4

59. Caracatiță siciliană la grătar

FACE 4 PORȚII

Ingrediente

- 2½ kilograme de caracatiță pentru pui curățată și congelată
- 2 căni de vin roșu plin, cum ar fi
- Pinot Noir sau Cabernet Sauvignon
- 1 ceapa mica, taiata felii
- 1 lingurita boabe de piper negru
- linguriță cuișoare întregi
- 1 frunză de dafin
- 1 cană marinată siciliană de citrice
- ¾ de cană de măsline verzi siciliene sau Cerignola fără sâmburi și tocate grosier
- 3 uncii frunze de rucola pentru copii
- 1 lingura menta proaspata tocata
- Sare de mare grunjoasă și piper negru proaspăt măcinat

Directii

a) Clătiți caracatița, apoi puneți într-o oală de supă cu vinul și apă cât să o acopere. Adăugați ceapa, boabele de piper, cuișoarele și frunza de dafin. Aduceți la fierbere la foc mare, apoi reduceți focul la mediu-mic, acoperiți și fierbeți ușor până când caracatița este suficient de fragedă pentru ca un cuțit să intre ușor, 45 de minute până la 1 oră. Scurgeți caracatița și aruncați lichidul sau strecurați și rezervați pentru supa de fructe de mare sau risotto. Când caracatița este suficient de rece pentru a fi manipulată, tăiați tentaculele de la cap.

b) Combinați caracatița și marinata într-o pungă de 1 galon cu fermoar. Apăsați aerul, sigilați punga și dați la frigider pentru 2 până la 3 ore. Aprindeți un grătar pentru căldură directă medie-mare, aproximativ $450\frac{1}{4}$F.

c) Scoateți caracatița din marinadă, uscați și lăsați-o la temperatura camerei timp de 20 de minute. Se strecoară marinada într-o cratiță și se lasă la fiert la foc mediu. Se adauga maslinele si se ia de pe foc.

d) Ungeți grătarul și ungeți-l cu ulei. Caracatița la grătar direct pe foc până când este bine marcată la grătar, 3 până la 4 minute pe fiecare parte, apăsând ușor pe caracatiță pentru a obține o prăjire bună. Aranjați rucola pe un platou sau farfurii și acoperiți cu caracatiță. Puneți o lingură din sosul cald, inclusiv o cantitate bună de măsline, pe fiecare porție. Stropiți cu menta, sare și piper negru.

scoici

60. Plăcintă cu fructe de mare

Ingrediente
- 1/2 cană vin alb sec
- 1 kilogram de scoici de mare, tăiați în jumătate dacă sunt foarte mari
- 1 cartof mare de copt, decojit și tăiat cubulețe de 1/2 inch
- 3 linguri de unt, inmuiat
- 1/2 cană de măr cu tartă decojit și tocat
- 1 morcov mare, tocat
- 1 coastă de țelină, tocată
- 1 ceapă mare, tocată
- 1 cățel de usturoi, tocat
- 1 1/2 cani supa de pui
- 1/4 cană smântână groasă
- 2 linguri de făină universală
- 3/4 lingurita sare
- 1/2 lingurita piper alb proaspat macinat Praf de piper cayenne
- 1 kilogram de creveți medii, decojiți și devenați
- 1 cană boabe de porumb
- 1 borcan mic (3 1/2 uncii) fâșii de piment
- 2 linguri patrunjel tocat
- Fulgii de patiserie

Directii

a) Într-o cratiță medie nereactivă, aduceți vinul la fierbere la foc mare. Adăugați scoici și gătiți până când sunt doar opace, aproximativ 1 minut. Scurgeți scoicile, rezervând lichidul. Într-o altă cratiță medie cu apă clocotită cu sare, gătiți cartofii până când se înmoaie, 6 până la 8 minute; se scurge si se da deoparte.

b) Preîncălziți cuptorul la 425F. Într-o cratiță mare, topești 2 linguri de unt la foc moderat. Adăugați mărul, morcovul, țelina și ceapa și gătiți până când amestecul se înmoaie și începe să se rumenească, aproximativ 6 minute. Adăugați usturoiul și gătiți încă 1 minut. Se toarnă supa de pui și se mărește focul la mare. Se fierbe până când cea mai mare parte a lichidului s-a evaporat, aproximativ 5 minute.

c) Transferați amestecul de mere-legume într-un robot de bucătărie. Se face piure până la omogenizare. Reveniți în cratiță și adăugați lichidul de scoici rezervat și smântâna groasă.

d) Într-un castron mic, amestecați făina cu 1 lingură de unt rămasă pentru a forma o pastă. Aduceți crema de scoici la fiert la foc moderat. Adăugați treptat pasta de unt. Se aduce la fierbere, amestecând până când

e)

61. Scoici la cuptor cu sos de usturoi

Ingrediente
- 1 1/2 kilograme scoici de dafin, tăiate în jumătate
- 3 catei de usturoi, pasati
- 1/4 cană (1/2 baton) margarină, topită
- 10 ciuperci albe tari, feliate
- Un strop ușor de sare de ceapă
- Un strop de piper proaspăt ras
- 1/3 cană pesmet asezonat
- 1 lingurita patrunjel proaspat tocat marunt

Directii
a) Ștergeți scoici cu un prosop de hârtie umed. Pisați cățeii de usturoi și adăugați la margarină; se amestecă bine pentru a se amesteca. Păstrați cald. Se toarnă puțin din sosul de usturoi topit în fundul unui vas de copt; se adauga ciupercile si se condimenteaza.

b) Peste ciuperci se pun scoicile. Rezervați 1 lingură de sos de usturoi și stropiți restul pe scoici.

c) Se presară pesmet, pătrunjel și sosul de usturoi rezervat. Coaceți în cuptorul preîncălzit la 375 de grade F până când partea de sus este frumos rumenită și fierbinte.

62. Scoici provenzale

Ingrediente
- 2 lingurite ulei de masline
- 1 kilogram de scoici de mare
- 1/2 cana ceapa taiata felii subtiri, separata in rondele 1 catel de usturoi, tocat
- 1 cană roșii obișnuite sau prune tăiate cubulețe
- 1/4 cană măsline coapte tocate
- 1 lingura busuioc uscat
- 1/4 lingurita de cimbru uscat
- 1/8 lingurita sare
- 1/8 lingurita piper proaspat macinat

Directii

a) Încinge uleiul de măsline într-o tigaie mare antiaderență la foc mediu-înalt. Adăugați scoici și prăjiți 4 minute sau până când sunt gata.

b) Scoateți scoicile din tigaie cu o lingură cu fantă; pune deoparte și ține la cald.

c) Adăugați rondele de ceapă și usturoiul în tigaie și prăjiți timp de 1-2 minute. Se adaugă roșiile și restul ingredientelor și se călesc 2 minute sau până se înmoaie.

Se pune sosul peste scoici

63. Scoici cu sos de unt alb

Ingrediente
- 750 g (1=lb.) scoici
- 1 cană de vin alb
- 90 g (3 oz) mazăre de zăpadă sau fasole verde tăiată subțire
- câteva arpagic de ornat
- sare si piper proaspat macinat
- putin suc de lamaie
- 1 lingurita ceapa verde tocata 125g (4ozs)
- unt tăiat în bucăți

Directii
a) Scoateți orice barbă de pe scoici apoi spălați. Scoateți cu grijă icrele și puneți-le pe prosoape de hârtie să se usuce. Asezonați cu sare și piper.
b) Se pun scoicile și icrele în vin și zeama de lămâie timp de cca. 2 minute. Scoateți și păstrați la cald. Mazărea de zăpadă se înșiră în apă clocotită cu sare timp de 1 min., se scurge, procedați la fel cu fasolea dacă folosiți.
c) Adăugați ceapa verde în lichidul de braconat și reduceți la aproximativ 1/2 cană. La foc blând, se adaugă puțin câte un unt, amestecându-l pentru a face un sos (de consistența smântânii turnate).

d) Serviți cu pâine crustă pentru a curăța sosul minunat.

Eglefinul

64. Eglefin cu unt de plante

Face 4 portii

Ingrediente
Unt din ierburi:

- 1 cană (2 batoane) unt nesărat, înmuiat
- ½ cană de busuioc împachetat lejer
- ½ cană pătrunjel lejer
- ½ eșalotă
- 1 cățel mic de usturoi
- ½ lingurita sare
- 1/8 lingurita piper

Ceapa caramelizata:

- 1 lingura de unt
- 2 cepe mari, feliate
- ½ lingurita sare
- ¼ de lingurita piper negru proaspat macinat
- 2 linguri de frunze de cimbru proaspăt, sau 1 linguriță uscată
- 2 kilograme de eglefin
- 3 roșii, feliate

Directii

a) Faceți untul cu ierburi prelucrând împreună untul moale, busuiocul, pătrunjelul, eșapa, usturoiul, sare și piper.

b) Întoarceți untul pe o bucată de folie de plastic și formați untul într-un buștean. Înfășurați-l în folie de plastic și răciți sau congelați. Se încălzește untul și uleiul într-o tigaie medie la foc mediu-mic.

c) Adăugați ceapa și gătiți până când încep să se înmoaie, amestecând ocazional, aproximativ 15 minute.

d) Adăugați sare și piper; Ridicați puțin căldura și gătiți până devine maro auriu, amestecând ocazional, 30 până la 35 de minute. Se amestecă cimbrul.

e) Preîncălziți cuptorul la 375°. Ungeți o tigaie de 9 x 13 inchi.

f) Întindeți ceapa în fundul cratiței, apoi puneți eglefinul pe ceapă.

g) Acoperiți eglefinul cu roșiile tăiate felii.

h) Coaceți până când eglefinul este încă puțin opac la mijloc (aproximativ 20 de minute). Va continua să gătească când îl scoateți din cuptor.

i) Tăiați untul cu ierburi în medalioane de $\frac{1}{4}$ inch și puneți-le deasupra roșiilor și serviți.

65. Eglefin condimentat cajun

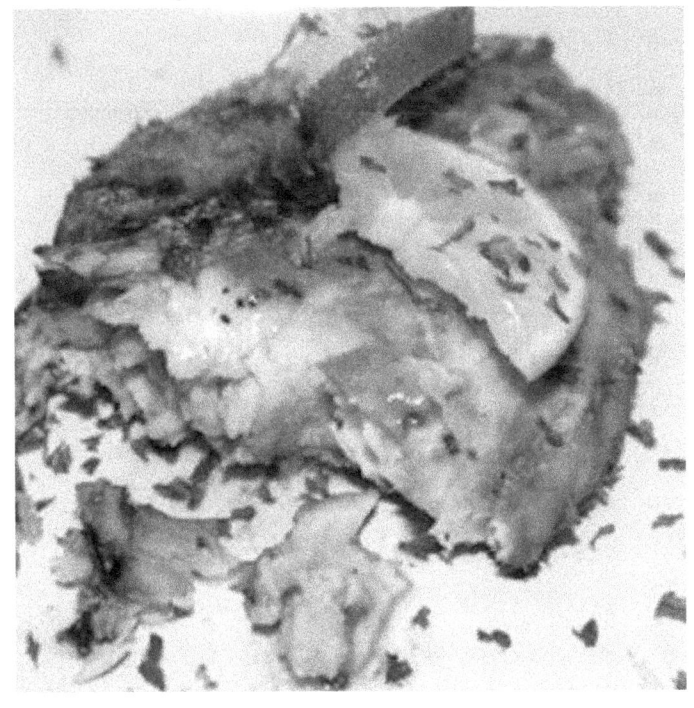

Ingrediente
- 1 file de eglefin
- Făină simplă
- 1 lingurita condiment cajun
- 75 g ananas taiat cubulete
- 1 ceapă de primăvară
- 10 g ceapă roșie
- 10 g ardei roșu
- 10 g ulei de măsline

Directii

a) Pentru salsa taiati ananasul aproximativ in cuburi de 1 cm, taiati marunt ceapa rosie, 1 ceapa primavara si ardeiul rosu prajit si decojit. Adăugați uleiul și oțetul de vin roșu și lăsați într-un vas acoperit la temperatura camerei timp de 1 oră.

b) Amestecați făina cu condimentul cajun și acoperiți fileul de eglefin condimentat.

c) Prăjiți eglefinul și serviți acoperit cu salsa.

66. Ciodă de eglefin, praz și cartofi

Ingrediente
- 1/4 file de eglefin
- 25 g Praz feliat
- 25 g cartofi tăiați cubulețe
- 15 g ceapa taiata cubulete
- 250 ml crema
- 100 ml supa de pește
- Pătrunjel tocat

Directii

a) Prăjiți prazul spălat și tocat.

b) Cand prazul s-a inmuiat adaugati cartoful si ceapa.

c) Odată ce legumele sunt calde adăugați smântâna și bulionul și aduceți la fiert. Se reduce la fierbere și se adaugă eglefinul tocat.

d) Fierbeti 10 minute si adaugati patrunjel tocat in timp ce serviti.

67. Eglefin afumat și chutney de roșii

Ingrediente:

- 3 x 175 g file de eglefin afumat
- 30 de căni mici de tartă gata făcute

Rarebit

- 325 g brânză Cheddar tare
- 75 ml lapte
- 1 galbenus de ou
- 1 ou intreg
- 1/2 linguriță pudră de muștar
- 30 g făină simplă
- 1/2 linguriță sos Worcester, sos Tabasco
- 25 g pesmet alb proaspăt
- Asezonare

Chutney de roșii

- 15 g rădăcină de ghimbir
- 4 ardei iute roșii
- 2 kg roșii roșii
- 500 g mere, decojite și tocate
- 200 g sultane
- 400 g eșalotă tocată
- Sare
- 450 g zahăr brun
- 570 ml otet de malt

Directii

a) Se condimentează bine eglefinul și se pune la cuptor cu puțin ulei de măsline și se fierbe aproximativ 5-6 minute.

b) Se rade brânza și se adaugă în tigaia cu lapte și se încălzește ușor într-o tigaie până se dizolvă, se ia de pe foc și se răcește.

c) Adăugați oul întreg și gălbenușul, muștarul, pesmetul și o picătură de Worcester și Tabasco, condimentați și lăsați să se răcească.

d) Fulgi de eglefin pentru a îndepărta eventualele oase și pune chutney-ul în fundul tartelor, deasupra cu fulgi de pește. Preîncălziți grătarul la foc mare și acoperiți eglefinul cu rarebit și puneți-l sub grătar până devine auriu deasupra.

e) Scoateți eglefinul de pe grătar și serviți imediat.

SOMON

68. Somon magic copt

(Face 1 porție)

Ingrediente

- 1 file de somon
- 2 lingurițe Somon Magic
- Unt nesarat, topit

Directii
a) Încinge cuptorul la 450 F.
b) Ungeți ușor vârful și părțile laterale ale fileului de somon cu unt topit. Ungeți ușor o tavă mică de foaie cu unt topit.
c) Asezonați partea superioară și laterală a fileului de somon cu Somon Magic. Dacă fileul este gros, folosiți puțin mai mult Somon Magic. Apăsați ușor condimentele.
d) Puneți fileul pe tava și coaceți până când blatul devine maro auriu, iar fileul este gătit. Pentru a avea somonul umed, roz, nu fierbeți prea mult. Serviți imediat.
e) Timp de gătire: 4 până la 6 minute.

69. Somon cu rodie si quinoa

Porții: 4 porții

Ingrediente

- 4 fileuri de somon, fara piele
- $\frac{3}{4}$ cană suc de rodie, fără zahăr (sau varietate cu conținut scăzut de zahăr)
- $\frac{1}{4}$ cană suc de portocale, fără zahăr
- 2 linguri marmeladă/gem de portocale
- 2 linguri de usturoi, tocat
- Sare si piper dupa gust
- 1 cană quinoa, gătită conform pachetului
- Câteva fire de coriandru

Directii:

a) Într-un castron mediu, combinați sucul de rodie, sucul de portocale, marmelada de portocale și usturoiul. Se condimentează cu sare și piper și se ajustează gustul după preferințe.

b) Preîncălziți cuptorul la 400F. Ungeți tava de copt cu unt moale. Puneți somonul pe tava de copt, lăsând un spațiu de 1 inch între fileuri.

c) Gatiti somonul timp de 8-10 minute. Apoi scoateți cu grijă tava din cuptor și turnați amestecul de rodii. Asigurați-vă că partea superioară a somonului este acoperită uniform cu amestecul. Puneți somonul înapoi la cuptor și gătiți încă 5 minute sau până când este complet fiert și amestecul de rodii s-a transformat într-o glazură aurie.

d) În timp ce somonul se gătește, pregătiți quinoa. Fierbeți 2 căni de apă la foc mediu și adăugați quinoa. Gatiti 5-8 minute sau pana cand apa a fost absorbita. Se stinge focul, se pufează quinoa cu o furculiță și se pune capacul. Lăsați căldura rămasă să gătească quinoa încă 5 minute.

e) Transferați somonul glazurat cu rodie într-un vas de servire și presărați niște coriandru proaspăt tocat. Serviți somonul cu quinoa.

70. Somon copt și cartofi dulci

Porții: 4 porții

Ingrediente

- 4 fileuri de somon, fără piele
- 4 cartofi dulci de mărime medie, decojiți și tăiați în grosime de 1 inch
- 1 cană buchețele de broccoli
- 4 linguri miere pura (sau sirop de artar)
- 2 linguri marmeladă/gem de portocale
- 1 buton de ghimbir proaspăt de 1 inch, ras
- 1 lingurita mustar de Dijon
- 1 lingurita de seminte de susan, prajite
- 2 linguri de unt nesarat, topit
- 2 lingurite ulei de susan
- Sare si piper dupa gust
- Ceapa primavara/ceapa ceapa, proaspat tocata

Directii:

a) Preîncălziți cuptorul la 400F. Unge tava cu unt nesarat topit.
b) Puneți cartofii dulci feliați și buchețelele de broccoli în tigaie. Se condimentează ușor cu sare, piper și o linguriță de ulei de susan. Asigurați-vă că legumele sunt ușor acoperite cu ulei de susan.
c) Coaceți cartofii și broccoli timp de 10-12 minute.
d) Cat timp legumele sunt inca la cuptor, pregatiti glazura dulce. Într-un castron, adăugați mierea (sau siropul de arțar), dulceața de portocale, ghimbirul ras, uleiul de susan și muștarul.
e) Scoateți cu grijă tava de copt din cuptor și întindeți legumele în lateral pentru a face loc peștelui.
f) Asezonați ușor somonul cu sare și piper.
g) Puneți fileurile de somon în mijlocul tăvii și turnați glazura dulce peste somon și legume.
h) Puneți tava la cuptor și gătiți încă 8-10 minute sau până când somonul este fraged.

i) Transferați somonul, cartofii dulci și broccoli pe un platou frumos de servire. Se ornează cu semințe de susan și ceapă primăvară.

71. Somon copt cu sos de fasole neagra

Porții: 4 porții

Ingrediente

- 4 file de somon, pielea și oasele de ace îndepărtate
- 3 linguri de sos de fasole neagra sau sos de usturoi de fasole neagra
- ½ cană bulion de pui (sau bulion de legume ca înlocuitor mai sănătos)
- 3 linguri de usturoi, tocat
- 1 buton de ghimbir proaspăt de 1 inch, ras
- 2 linguri sherry sau sake (sau orice vin de gătit)
- 1 lingurita suc de lamaie, proaspat stors
- 1 lingura sos de peste
- 2 linguri de zahar brun
- ½ linguriță fulgi de chili roșu
- Frunze proaspete de coriandru, tocate mărunt
- Ceapa primavara ca garnitura

Directii:

a) Unge o tavă mare de copt sau tapetează-o cu hârtie de copt. Preîncălziți cuptorul la 350F.

b) Combinați supa de pui și sosul de fasole neagră într-un castron mediu. Adăugați usturoi tocat, ghimbir ras, sherry, suc de lămâie, sos de pește, zahăr brun și fulgi de chili. Se amestecă bine până când zahărul brun este complet dizolvat.

c) Turnați sosul de fasole neagră peste fileurile de somon și lăsați somonul să absoarbă complet amestecul de fasole neagră timp de cel puțin 15 minute.

d) Transferați somonul în vasul de copt. Gatiti 15-20 de minute. Asigurați-vă că somonul nu se usucă prea mult în cuptor.

e) Se serveste cu coriandru tocat si ceapa primavara.

72. Boia de ardei somon la gratar cu spanac

Porții: 6 porții

Ingrediente

- 6 fileuri de somon roz, grosime de 1 inch
- ¼ cană suc de portocale, proaspăt stors
- 3 lingurite de cimbru uscat
- 3 linguri ulei de măsline extravirgin
- 3 lingurițe pudră de boia dulce
- 1 lingurita de scortisoara pudra
- 1 lingurita zahar brun
- 3 cesti frunze de spanac
- Sare si piper dupa gust

Directii:

a) Ungeți ușor niște măsline pe fiecare parte a fileurilor de somon, apoi condimentați cu praf de boia de ardei, sare și piper. Se lasa deoparte 30 de minute la temperatura camerei. Lăsând somonul să absoarbă boia de ardei.

b) Într-un castron mic, amestecați sucul de portocale, cimbrul uscat, pudra de scorțișoară și zahărul brun.

c) Preîncălziți cuptorul la 400F. Transferați somonul într-o tavă tapetată cu folie de copt. Se toarnă marinata la somon. Gatiti somonul timp de 15-20 de minute.

d) Într-o tigaie mare, adăugați o linguriță de ulei de măsline extravirgin și gătiți spanacul aproximativ câteva minute sau până se ofilește.

e) Serviți somonul copt cu spanac în parte.

73. Teriyaki de somon cu legume

Porții: 4 porții

Ingrediente

- 4 file de somon, pielea și oasele de ace îndepărtate
- 1 cartof dulce mare (sau pur și simplu cartof), tăiat în bucăți mici
- 1 morcov mare, tăiat în bucăți mici
- 1 ceapă albă mare, tăiată felii
- 3 ardei gras mari (verde, rosu si galben), tocat
- 2 cesti buchetele de broccoli (poate fi inlocuite cu sparanghel)
- 2 linguri ulei de măsline extravirgin
- Sare si piper dupa gust
- Ceapa primavara, tocata marunt
- Sos teriyaki
- 1 cană apă
- 3 linguri sos de soia
- 1 lingura de usturoi, tocat
- 3 linguri de zahar brun
- 2 linguri de miere pura
- 2 linguri amidon de porumb (dizolvat in 3 linguri apa)

- ½ linguriță de semințe de susan prăjite

Directii:

a) Într-o tigaie mică, amestecați sosul de soia, ghimbirul, usturoiul, zahărul, mierea și apa la foc mic. Amestecați continuu până când amestecul se fierbe încet. Amestecați apa din amidon de porumb și așteptați până când amestecul se îngroașă. Adăugați semințele de susan și lăsați deoparte.

b) Ungeți o tavă mare de copt cu unt nesărat sau spray de gătit. Preîncălziți cuptorul la 400F.

c) Într-un castron mare, turnați toate legumele și stropiți cu ulei de măsline. Se amestecă bine până când legumele sunt bine acoperite cu ulei. Se condimentează cu piper proaspăt spart și puțină sare. Transferați legumele în tava de copt. Împrăștiați legumele în lateral și lăsați puțin spațiu în centrul vasului de copt.

d) Așezați somonul în centrul vasului de copt. Se toarnă 2/3 din sosul teriyaki în legume și somon.

e) Coaceți somonul timp de 15-20 de minute.
f) Transferați somonul copt și legumele prăjite pe un platou de servire frumos. Se toarnă sosul teriyaki rămas și se ornează cu ceapă primăvară tocată.

74. Somon în stil asiatic cu tăiței

Porții: 4 porții

Ingrediente

Somon

- 4 fileuri de somon, fără piele
- 2 linguri ulei de susan prajit
- 2 linguri de miere pura
- 3 linguri sos de soia usor
- 2 linguri de otet alb
- 2 linguri de usturoi, tocat
- 2 linguri de ghimbir proaspăt, ras
- 1 lingurita de seminte de susan prajite
- Ceapa primavara tocata pentru ornat

Taitei de orez

- 1 pachet taitei asiatici de orez

Sos

- 2 linguri sos de peste
- 3 linguri de suc de lamaie, proaspat stors
- Fulgi de chili

Directii:

a) Pentru marinada de somon, combinați uleiul de susan, sosul de soia, oțetul, mierea, usturoiul tocat și semințele de susan. Se toarnă în somon și se lasă peștele la marinat timp de 10-15 minute.

b) Se pune somonul intr-o tava de copt, care se unge usor cu ulei de masline. Gatiti 10-15 minute la 420F.

c) În timp ce somonul este la cuptor, gătiți tăițeii de orez conform instrucțiunilor de pe ambalaj. Scurgeți bine și transferați în boluri individuale.

d) Amestecați sosul de pește, sucul de lămâie și fulgii de chili și turnați în tăițeii de orez.

e) Acoperiți fiecare bol cu tăiței cu file de somon proaspăt copt. Se orneaza cu ceapa primavara si seminte de susan.

75. Somon poșat în bulion de roșii usturoi

Porti 4

Ingrediente

- 8 catei de usturoi
- eşalotă
- linguriţe ulei de măsline extravirgin
- 5 roşii coapte
- 1 1/2 cani de vin alb sec
- 1 cană apă
- 8 crengute de cimbru 1/4 lingurita sare de mare
- 1/4 lingurita piper negru proaspat
- 4 fileuri Copper River Sockeye Somon ulei de trufe albe (optional)

Directii

a) Curăţaţi şi tăiaţi grosier căţeii de usturoi şi eşalota. Într-un vas mare de fiert sau într-o tigaie cu capac, puneţi uleiul de măsline, usturoiul şi şalota. Transpiraţi la foc mediu-mic până când se înmoaie, aproximativ 3 minute.

b) Puneţi roşiile, vinul, apa, cimbru, sare şi piper în tigaie şi aduceţi la fiert. Odată ce a dat în clocot, reduceți focul la fiert și acoperiți.

c) Se fierbe timp de 25 de minute până când roșiile au izbucnit eliberând sucul. Cu o lingură de lemn sau o spatulă, zdrobiți roșiile într-o pulpă. Se mai fierbe descoperit încă 5 minute până când bulionul s-a redus puțin.

d) În timp ce bulionul încă fierbe, puneți somonul în bulion. Acoperiți și braconați timp de 5 până la 6 minute doar până când peștele se fulg ușor. Puneți peștele pe o farfurie și lăsați deoparte. Puneți o strecurătoare într-un castron mare și turnați bulionul rămas în strecurătoare. Se strecoară bulionul aruncând solidele rămase. Gustați bulionul și adăugați sare și piper dacă este necesar.

e) Piureul de cartofi simplu cu unt sau chiar cartofii prăjiți sunt o parte bună cu această masă. Apoi acoperiți cu sparanghel sotat și somonul poșat.

f) Turnați bulionul strecurat în jurul somonului. Adăugați un strop de ulei de trufe albe, dacă doriți. Servi.

76. Somon Poșat

Ingrediente

- Fileuri mici de somon, aproximativ 6 uncii

Directii

a) Pune aproximativ o jumătate de inch de apă într-o tigaie mică, de 5-6 inci, acoperind-o, încălzind apa la fiert, apoi puneți fileul acoperit timp de patru minute.
b) Adăugați orice condiment doriți în somon sau în apă.
c) Cele patru minute lasă centrul nefiert și foarte suculent.
d) Lăsați fileul să se răcească puțin și tăiați-l în bucăți late de un centimetru și jumătate.
e) Adaugă la o salată, inclusiv salată verde (orice fel) roșii bune, avocado copt frumos, ceapă roșie, crutoane și orice sos gustos.

77. Somon poșat cu salsa de ierburi verzi

Porții: 4 porții

Ingrediente

- 3 căni de apă
- 4 pliculete de ceai verde
- 2 fileuri mari de somon (aproximativ 350 grame fiecare)
- 4 linguri ulei de măsline extravirgin
- 3 linguri suc de lamaie, proaspat stors
- 2 linguri patrunjel, proaspat tocat
- 2 linguri busuioc, proaspăt tocat
- 2 linguri oregano, proaspăt tocat
- 2 linguri de arpagic asiatic, proaspat tocat
- 2 lingurite frunze de cimbru
- 2 lingurite de usturoi, tocat

Directii:

a) Aduceți apă la fiert într-o oală mare. Adăugați pliculețele de ceai verde, apoi luați de pe foc.

b) Lăsați pliculețele de ceai să se infuzeze timp de 3 minute. Scoateți pliculețele de ceai din oală și aduceți la fiert apa infuzată cu ceai. Adăugați somonul și reduceți focul.

c) Poziți fileurile de somon până devin opace în porțiunea de mijloc. Gătiți somonul timp de 5-8 minute sau până când este complet fiert.

d) Scoateți somonul din oală și lăsați-l deoparte.

e) Într-un blender sau robot de bucătărie, aruncați toate ierburile proaspăt tocate, uleiul de măsline și sucul de lămâie. Amestecați bine până când amestecul formează o pastă netedă. Se condimentează pasta cu sare și piper. Puteți ajusta condimentele atunci când este necesar.

f) Serviți somonul poșat pe un platou mare și acoperiți cu pasta de ierburi proaspete.

78. Salata rece de somon braconat

Randament: 2 portii

Ingrediente

- 1 lingura telina tocata
- 1 lingura morcovi tocati
- 2 linguri de ceapa tocata grosier
- 2 cani de apa
- 1 cană de vin alb
- 1 frunză de dafin
- 1½ linguriță sare
- 1 lamaie; tăiat în jumătate
- 2 fire de patrunjel
- 5 boabe de piper negru
- File de somon tăiat în centru de 9 uncii
- 4 cani baby spanac; curățate
- 1 lingura suc de lamaie
- 1 lingurita coaja de lamaie tocata
- 2 linguri mărar proaspăt tocat

- 2 linguri patrunjel proaspat tocat
- ½ cană ulei de măsline
- 1½ lingurita de salota tocata
- 1 sare; la gust
- 1 piper negru proaspăt măcinat; la gust

Directii

a) Într-o tigaie puțin adâncă puneți țelina, morcovii, ceapa, vinul, apa, frunza de dafin, sarea, lămâia, pătrunjelul și boabele de piper. Aduceți la fierbere, reduceți focul și puneți cu grijă bucățile de somon în lichidul care fierbe, acoperiți și fierbeți timp de 4 minute. Intre timp se face marinada.

b) Intr-un castron se amesteca sucul de lamaie, coaja, mararul, patrunjelul, uleiul de masline, salota, sare si piper. Se toarnă marinada într-o tigaie sau recipient nereactiv cu fundul plat și suficient spațiu pentru a pune somonul fiert. Acum scoateți somonul din tigaie și puneți-l în marinadă. Se lasa sa se raceasca 1 ora.

c) Se pune spanacul în puțin din marinadă și se condimentează cu sare și piper și se împarte în două farfurii de servire. Folosind o spatulă cu fante, puneți somonul deasupra spanacului.

79. Somon poşat cu orez lipicios

Randament: 1 porție

Ingrediente

- 5 căni de ulei de măsline
- 2 capete ghimbir; zdrobit
- 1 Cap de usturoi; zdrobit
- 1 buchet de ceai verde; cioplit
- 4 bucăți de somon; (6 uncii)
- 2 căni de orez japonez; aburit
- $\frac{3}{4}$ cană Mirin
- 2 ceai verde; cioplit
- $\frac{1}{2}$ cană cireșe uscate
- $\frac{1}{2}$ cană afine uscate
- 1 Foaie nori; sfărâmat
- $\frac{1}{2}$ cană suc de lămâie
- $\frac{1}{2}$ cană bulion de pește
- $\frac{1}{4}$ cană vin de gheață
- $\frac{3}{4}$ cană ulei de sâmburi de struguri

- ½ cană de porumb uscat la aer

Directii

a) Într-o cratiță, aduceți uleiul de măsline până la 160 de grade. Adăugați ghimbirul zdrobit, usturoiul și ceaiul verde. Luați amestecul de pe foc și lăsați-l să se infuzeze timp de 2 ore. Încordare.

b) Se fierbe orezul la abur și apoi se condimentează cu mirin. Odată ce s-a răcit, amestecați ceaiurile tăiate, uscate într-o cratiță. Aduceți uleiul de măsline la 160 de grade. Adăugați ghimbirul zdrobit, usturoiul și ceaiul verde. Luați fructele de pădure și algele marine.

c) Pentru a face sosul, aduceți la fiert sucul de lămâie, bulionul de pește și vinul de gheață. Se ia de pe foc si se amesteca cu uleiul de samburi de struguri. Asezonați cu sare și piper.

d) Pentru a bracona peștele, aduceți uleiul de braconat până la aproximativ 160 de grade într-o cratiță adâncă. Se condimentează somonul cu sare și piper și se scufundă ușor întreaga bucată de pește în ulei. Se lasă să se braconeze ușor timp de aproximativ 5 minute sau până la rar-mediu.

e) În timp ce peștele se gătește, puneți salata de orez pe farfurie și stropiți cu sos de lămâie. Pune pestele braconat pe salata de orez cand s-a terminat de braconat.

80. File de somon citric

Deserveste 4 persoane

Ingrediente

- ¾ kg file de somon proaspăt
- 2 linguri miere de Manuka sau miere simplă
- 1 lingură suc de lămâie proaspăt stors
- 1 lingură suc de portocale proaspăt stors
- ½ lingură coajă de lămâie
- ½ lingură coajă de portocală
- ½ praf sare si piper
- ½ lămâie feliată
- ½ portocală feliată
- ½ mână de cimbru proaspăt și micro ierburi

Directii

a) Utilizați aproximativ 1,5 kg + File de somon Regal proaspăt, cu pielea, cu dezosare.

b) Adauga portocala, lime, miere, sare, piper si coaja - combina bine

c) Cu o jumătate de oră înainte de gătit glazurați fileul cu o pensulă de patiserie și citrice lichide.

d) Taiati portocale si limes felii subtiri

e) Coaceți la 190 de grade timp de 30 de minute, apoi verificați, poate necesita încă 5 minute, în funcție de cum preferați somonul.

f) Scoateți din cuptor și stropiți cu Cimbru proaspăt și Micro ierburi

81. Lasagna cu somon

Deserveste 4 persoane

Ingrediente

- 2/3 parte(e) Lapte pentru braconaj
- 2/3 grame foi de lasagne fierte
- 2/3 cană(e) Mărar proaspăt
- 2/3 cană (e) mazăre
- 2/3 cană(e) parmezan
- 2/3 bila de mozzarella
- 2/3 sos
- 2/3 pungă de Baby spanac
- 2/3 cană(e) smântână
- 2/3 linguriță(i) Nucșoară

Directii

a) În primul rând, faceți sosurile bechamel și spanac și braconați somonul. Pentru sosul bechamel, topiți untul într-o cratiță mică. Se amestecă făina și se fierbe câteva minute până devine spumos, amestecând continuu.

b) Adăugați treptat laptele cald, amestecând tot timpul, până când sosul este omogen. Se aduce la fierbere ușor, amestecând continuu până când sosul se îngroașă. Se asezoneaza dupa gust cu sare si piper.

c) Pentru a face sosul de spanac, tăiați și spălați spanacul. Cu apa încă lipită de frunze, puneți spanacul într-o cratiță mare, acoperiți cu un capac și fierbeți ușor până când frunzele se ofilesc.

d) Scurgeți și stoarceți excesul de apă. Transferați spanacul într-un blender sau robot de bucătărie adăugați smântâna și nucșoara. Se amestecă apoi se condimentează cu sare și piper.

e) Preîncălziți cuptorul la 180°C. Ungeți o tavă mare de copt. Braconați ușor somonul în lapte până când este fiert, apoi rupeți-l în bucăți de dimensiuni bune. Aruncați laptele.

f) Acoperiți fundul vasului de copt subțire cu 1 cană de sos bechamel.

g) Întindeți peste sos un strat suprapus de foi de lasagna, apoi întindeți un strat de sos de spanac și puneți peste acesta jumătate din bucățile de somon uniform. Se presară cu niște mărar tocat. Adăugați un alt strat de lasagna, apoi adăugați un strat de sos bechamel și stropiți-l cu mazăre pentru o acoperire grosieră.

h) Repetați straturile din nou, deci lasagna, spanac și somon, mărar, lasagna, sos bechamel și apoi mazăre. Terminați cu un ultim strat de lasagna, apoi cu un strat subțire de sos bechamel. Acoperiți cu parmezan ras și bucăți de mozzarella proaspătă.

i) Coaceți lasagna timp de 30 de minute, sau până când este fierbinte și

82. Fileuri de somon Teriyaki

Deserveste 4 persoane

Ingrediente

- 140 grame 2 x twin Regal 140g porții de somon proaspăt
- 1 cană (e) zahăr tos
- 60 ml sos de soia
- 60 ml condimente mirin
- 60 ml condimente mirin
- 1 pachet de tăiței organici udon

Directii

a) Marinați 4 bucăți de 140 g de somon Fresh Regal, folosind zahăr tos, sos de soia, sos mirin, amestecați bine toate cele 3 ingrediente și lăsați somonul timp de 30 de minute.

b) Fierbe apa si adauga taiteii organici udon si lasa-i sa fiarba rapid timp de 10 minute.

c) Taiati salota subtiri si puneti-o deoparte.

d) Gătiți porțiile de file de somon într-o tigaie la foc mediu până la mare timp de 5 minute, apoi întoarceți-le dintr-o parte în alta, turnând orice sos suplimentar.

e) Odată ce tăiței sunt gata întinși pe farfurie, acoperiți cu somon

83. Somon cu piele crocantă cu sos de capere

Deserveste 4 persoane

Ingrediente

- 4 file de somon NZ proaspăt 140g porții
- 200 ml ulei de măsline premium
- 160 ml otet balsamic alb
- 2 cățel de usturoi zdrobit
- 4 linguri capere tocate
- 4 linguri patrunjel tocat
- 2 linguri de marar tocat

Directii

a) Ungeți fileurile de somon în 20 ml de ulei de măsline și asezonați cu sare și piper.

b) Gătiți la foc mare folosind o tigaie antiaderentă timp de 5 minute, răsturnând de sus în jos și dintr-o parte în alta.

c) Puneți ingredientele rămase într-un castron și amestecați, acesta este dressingul dvs., odată ce somonul este fiert, puneți dressingul peste file, cu pielea în sus.

d) Serviți cu o salată de pere, nucă, halloumi și rucola

84. File de somon cu caviar

Deserveste 4 persoane

Ingrediente

- 1 lingurita Sare
- 1 felii de lime
- 10 eșalope (ceapă) curățate
- 2 linguri ulei de soia (extra pentru periaj)
- 250 de grame de roșii cherry tăiate la jumătate
- 1 chili verde mic feliat subțire
- 4 linguri suc de lime
- 3 linguri Sos de peste
- 1 lingura de zahar
- 1 mână crenguțe de coriandru
- 1 1/2 kg file de somon proaspăt pe/în afară
- 1 borcan de icre de somon (caviar)

- 3/4 castraveți curățați de coajă, tăiați în jumătate pe lungime, fără semințe și tăiați subțiri

Directii

a) Preîncălziți cuptorul la 200 de grade, dar castraveții tăiați felii într-un vas de ceramică, cu sare, lăsați deoparte timp de 30 de minute, lăsându-i să se mureze.

b) Pune Salatele intr-un vas mic, adauga uleiul de soia, amesteca bine si da la cuptor pentru 30 de minute, pana sunt fragede si bine rumenite.

c) Se scoate din cuptor si se da deoparte la racit, intre timp se spala bine castravetele sarati, sub jet de apa rece din abundenta, apoi se stoarce la uscat in pumni si se pun intr-un castron.

d) Preîncălziți grătarul cuptorului la foarte fierbinte, tăiați șalota la jumătate și adăugați-le la castraveți.

e) Adăugați roșiile, chili, sucul de lămâie, sosul de pește, zahărul, crenguțele de coriandru și uleiul de susan și amestecați bine.

f) Gust – dacă este nevoie, potriviți dulce, cu zahăr și zeamă de lămâie – lăsați deoparte.

g) Pune somonul pe hartie de copt unsa cu ulei, unge deasupra somonului cu ulei de soia, asezoneaza cu sare si piper, pune sub gratar timp de 10 minute sau pana cand este fiert si se rumeneste usor.

h) Scoateți din cuptor, alunecați pe un platou, stropiți cu amestecul de roșii și castraveți și lingurițe de icre de somon.

i) Serviți cu felii de lime și orez

85. Fripturi de somon la gratar cu hamsii

Randament: 4 portii

Ingredient

- 4 fripturi de somon
- Crengute de patrunjel
- Roți de lămâie ---unt de hamsie-----
- 6 fileuri de hamsii
- 2 linguri de lapte
- 6 linguri de unt
- 1 picătură sos Tabasco
- Piper

Directii

a) Preîncălziți grătarul la foc mare. Ungeți grătarul cu ulei și puneți fiecare friptură pentru a asigura o căldură uniformă. Pe fiecare friptură se pune câte un buchet mic de unt de hamsii (împarte un sfert din amestec în patru). Grill timp de 4 minute.

b) Întoarceți fripturile cu o felie de pește și puneți încă un sfert de unt printre fripturi. Gratar pe a doua parte 4 minute. Reduceți focul și lăsați să fiarbă încă 3 minute, mai puțin dacă fripturile sunt subțiri.

c) Serviți cu o bucată de unt de hamsie bine aranjată deasupra fiecărei fripturi.

d) Se ornează cu crenguțe de pătrunjel și felii de lămâie.

e) Unt de hamsii: inmuiati toate fileurile de hamsii in lapte. Se pasează într-un castron cu o lingură de lemn până devine cremoasă. Cremă toate ingredientele împreună și răcește.

f) Porti 4.

86. Somon la gratar afumat la gratar

Randament: 4 portii

Ingredient

- 1 lingurita coaja de lime rasa
- $\frac{1}{4}$ cană suc de lămâie
- 1 lingura ulei vegetal
- 1 lingurita mustar de Dijon
- 1 praf de piper
- 4 fripturi de somon, de 1 inch grosime [1-1/2 lb.]
- ⅓ cană semințe de susan prăjite

Directii

a) Într-un vas puțin adânc, combinați coaja de lămâie și sucul, uleiul, muștarul și piperul; adăugați pește, întorcându-se pentru a acoperi. Acoperiți și marinați la temperatura camerei timp de 30 de minute, întorcându-le din când în când.

b) Rezervând marinada, scoateți peștele; se presara cu seminte de susan. Se pune pe gratarul uns direct la foc mediu.
Adăugați așchii de lemn înmuiați.

c) Acoperiți și gătiți, întorcând și ungeți cu marinată la jumătate, timp de 16-20 de minute sau până când peștele se fulge ușor când este testat cu furculița.

87. Somon la gratar la carbune si fasole neagra

Randament: 4 portii

Ingredient

- ½ kilograme de fasole neagră; înmuiat
- 1 ceapa mica; tocat
- 1 morcov mic
- ½ coastă de țelină
- 2 uncii șuncă; tocat
- 2 ardei jalapeno; tulpină și tăiată cubulețe
- 1 cățel de usturoi
- 1 frunză de dafin; legat împreună cu
- 3 crengute de cimbru
- 5 căni de apă
- 2 catei usturoi; tocat
- ½ linguriță fulgi de ardei iute
- ½ Lămâie; suc

- 1 lămâie; suc

- ⅓ cană de ulei de măsline

- 2 linguri Busuioc proaspăt; tocat

- 24 uncii Fripturi de somon

Directii

a) Combinați într-o cratiță mare fasolea, ceapa, morcovul, țelina, șunca, jalapenos, cățelul întreg de usturoi, foile de dafin cu cimbru și apă. Se fierbe până când fasolea este fragedă, aproximativ 2 ore, adăugând mai multă apă după cum este necesar pentru a menține fasolea acoperită.

b) Scoateți morcovul, țelina, ierburile și usturoiul și scurgeți lichidul de gătit rămas. Se amestecă fasolea cu usturoiul tocat, fulgii de ardei iute și sucul de la ½ lămâie. Pus deoparte.

c) În timp ce fasolea se gătește, combinați sucul unei lămâi întregi, uleiul de măsline și frunzele de busuioc. Se toarnă peste fripturile de somon și se dă la frigider pentru 1 oră. Prăjiți somonul la foc moderat timp de 4-5 minute pe fiecare parte, ungeți cu puțină marinadă în fiecare minut. Serviți fiecare friptură cu o porție de fasole.

88. Petardă somon din Alaska la grătar

Randament: 4 portii

Ingredient

- 4 6 oz. fripturi de somon
- $\frac{1}{4}$ cană ulei de arahide
- 2 linguri sos de soia
- 2 linguri otet balsamic
- 2 linguri de ceai tocat
- $1\frac{1}{2}$ linguriță zahăr brun
- 1 cățel de usturoi, tocat
- $\frac{3}{4}$ linguriță rădăcină de ghimbir proaspăt rasă
- $\frac{1}{2}$ linguriță fulgi de chile roșu sau mai mult
- Gust
- $\frac{1}{2}$ linguriță ulei de susan
- $\frac{1}{8}$ linguriță de sare

Directii

a) Puneți fripturile de somon într-un vas de sticlă. Se amestecă ingredientele rămase și se toarnă peste somon.

b) Acoperiți cu folie de plastic și marinați la frigider timp de 4 până la 6 ore. Încinge grătarul. Scoateți somonul din marinadă, ungeți grătarul cu ulei și puneți somonul pe grătar.

c) Grătiți la foc mediu timp de 10 minute pe inch de grosime, măsurat în partea cea mai groasă, întorcându-se la jumătatea gătitului, sau până când peștele se fulge doar când este testat cu o furculiță.

89. Flash somon la gratar

Randament: 1 porție

Ingredient

- 3 uncii de somon
- 1 lingura ulei de masline
- ½ Lămâie; suc de
- 1 lingurita Arpagic
- 1 lingurita patrunjel
- 1 lingurita de piper proaspat macinat
- 1 lingura sos de soia
- 1 lingura sirop de artar
- 4 gălbenușuri de ou
- ¼ litru de stoc de pește
- ¼ de litru de vin alb
- 125 mililitri Cremă dublă
- Arpagic
- Pătrunjel

Directii

a) Tăiați somonul subțire și puneți-l într-un recipient cu ulei de măsline, sirop de arțar, sos de soia, piper și suc de lămâie timp de 10-20 de minute.

b) Sabayon: Bateți ouăle la bain marie. Reduceți vinul alb și bulionul de pește într-o tigaie. Adăugați amestecul în albușuri și bateți. Adăugați smântână, amestecând în continuare.

c) Puneți feliile subțiri de somon pe farfuria de servire și stropiți cu puțin sabayon. Se pune sub gratar doar 2-3 minute.

d) Se scoate si se serveste imediat cu o presara de arpagic si patrunjel.

90. Somon la gratar si paste cu cerneala de calmar

Randament: 1 porție

Ingredient

- 4 200 g; (7-8 oz) bucăți de file de somon
- Sare si piper
- 20 mililitri ulei vegetal; (3/4 oz)
- Ulei de măsline pentru prăjit
- 3 catei de usturoi tocati marunt
- 3 roșii tăiate mărunt
- 1 ceapa primavara tocata marunt
- Asezonare
- 1 Broccoli

Directii

a) Paste: puteți cumpăra plicuri de cerneală de calmar de la un vânzător de pește bun... sau puteți folosi pastele preferate

b) Preîncălziți cuptorul la 240°C/475°F/gaz marca 9.

c) Se condimentează bucățile de file de somon cu sare și piper. Încinge o tigaie antiaderentă, apoi adaugă ulei. Puneți somonul în tigaie și prăjiți pe fiecare parte timp de 30 de secunde.

d) Transferați peștele într-o tavă de copt, apoi prăjiți timp de 6-8 minute până când peștele se fulge, dar este încă puțin roz în centru. Se lasa sa se odihneasca 2 minute.

e) Transferați peștele în farfurii calde și puneți cu lingura peste sos.

f) Gatiti broccoli cu pastele timp de aproximativ 5 minute.

g) Se toarnă puțin ulei în tigaie, se adaugă usturoiul, roșiile și ceapa primăvară. Se prajesc la foc mic 5 minute, se adauga broccoli in ultimul moment.

91. Somon cu ceapa la gratar

FACE 8 PÂNĂ 10 PORȚII

Ingrediente

- 2 căni de așchii de lemn de esență tare, înmuiate în apă
- 1 parte mare de somon norvegian de crescătorie (aproximativ 3 lire sterline), oasele de ace îndepărtate
- 3 cesti Smoking Brine, facute cu vodca
- ¾ de cană pentru fumat
- 1 lingură buruiană de mărar uscată
- 1 lingurita praf de ceapa
- 2 cepe roșii mari, tăiate rondele groase de centimetri
- ¾ cană ulei de măsline extravirgin 1 legătură mărar proaspăt
- Coaja rasa fin de la 1 lamaie 1 catel de usturoi, tocata
- Sare grunjoasă și piper negru măcinat

Directii

a) Puneți somonul într-o pungă jumbo (2 galoane) cu fermoar. Dacă aveți doar saci de 1 galon, tăiați peștele în jumătate și folosiți două pungi. Adăugați saramură în pungi, presă aerul și sigilați. Dați la frigider pentru 3 până la 4 ore.

b) Amestecați toate, cu excepția unei lingure de frecare, cu mărarul uscat și praful de ceapă și lăsați deoparte. Înmuiați feliile de ceapă în apă cu gheață. Încălziți un grătar pentru foc indirect scăzut, aproximativ 225 iF, cu fum. Scurgeți așchiile de lemn și adăugați-le pe grătar.

c) Scoateți somonul din saramură și uscați-l cu prosoape de hârtie. Aruncați saramura. Acoperiți peștele cu 1 lingură de ulei și stropiți partea cărnoasă cu frecvența care are mărar uscat în ea.

d) Ridicați ceapa din apa cu gheață și uscați. Se unge cu 1 lingură de ulei și se stropește cu restul de 1 lingură de frecare. Puneți peștele și ceapa deoparte să se odihnească timp de 15 minute.

e) Ungeți grătarul și frecați bine cu ulei. Puneți somonul, cu pulpa în jos, direct pe foc și puneți la grătar timp de 5 minute până când suprafața devine maro aurie. Folosind o spatulă mare de pește sau două spatule obișnuite, întoarceți peștele cu pielea în jos și poziționați-l pe grătar departe de foc. Pune feliile de ceapa direct peste foc.

f) Închideți grătarul și gătiți până când somonul este ferm la exterior, dar nu uscat și rezistent în centru, aproximativ 25 de minute. Când este gata, umezeala va trece prin suprafață atunci când peștele este apăsat ușor. Nu ar trebui să se descuie complet sub presiune.

g) Întoarceți ceapa o dată în timpul fierberii.

h)

92. Somon din scânduri de cedru

Porții: 6

Ingrediente

- 1 scândură de cedru netratată (aproximativ 14" x 17" x 1/2")
- 1/2 cană sos italian
- 1/4 cană soare tocat-roșii uscate
- 1/4 cană busuioc proaspăt tocat
- 1 (2-liră) file de somon (grosime de 1 inch), îndepărtat pielea

Directii

a) Scufundați complet scândură de cedru în apă, așezând o greutate deasupra pentru a o menține complet acoperită. Înmuiați cel puțin 1 oră.
b) Preîncălziți grătarul la mediu-caldura mare.
c) Într-un castron mic, combinați dressingul, soarele-roșii uscate și busuioc; pus deoparte.
d) Scoateți scândura din apă. Așezați somonul pe scândură; se pune pe gratar

si se inchide capacul. Prăjiți 10 minute, apoi ungeți somonul cu amestecul de dressing. Închideți capacul și puneți la grătar încă 10 minute sau până când somonul se fulge ușor cu o furculiță.

93. Somon cu usturoi afumat

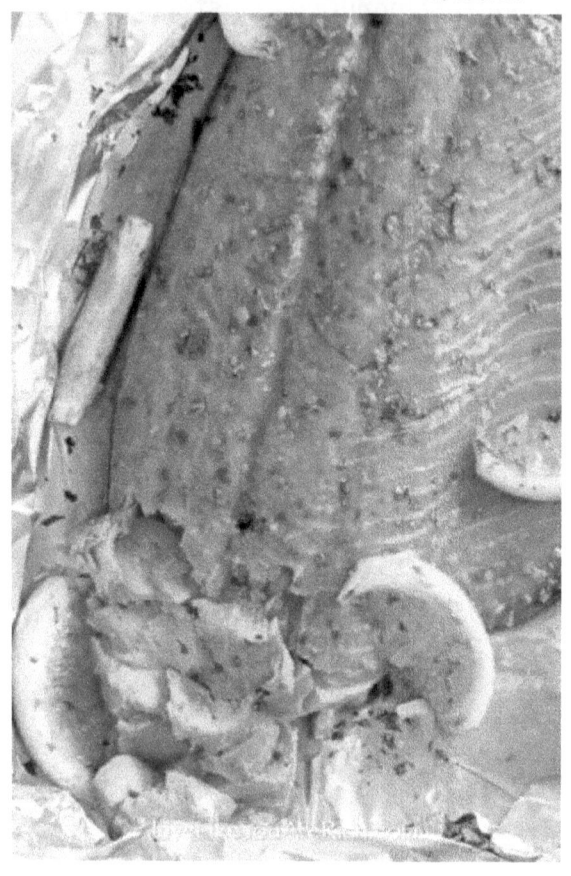

Porti 4

Ingrediente

- 1 1/2 lb. file de somon
- sare si piper dupa gust 3 catei de usturoi, tocati
- 1 crenguță mărar proaspăt, tocat 5 felii de lămâie
- 5 crenguțe iarbă proaspătă de mărar
- 2 cepe verde, tocate

Directii

a) Pregătiți afumătorul la 250 ° F.
b) Pulverizați două bucăți mari de folie de aluminiu cu spray de gătit.
c) Puneți fileul de somon deasupra unei bucăți de folie. Presărați somonul cu sare, piper, usturoi și mărar tocat. Aranjați felii de lămâie deasupra fileului și puneți o crenguță de mărar deasupra fiecărei felii de lămâie. Se presară fileul cu ceapă verde.
d) Fumați aproximativ 45 de minute.

94. Somon la gratar cu piersici proaspete

Porții: 6 porții

Ingrediente

- 6 fileuri de somon, grosime de 1 inch
- 1 cutie mare piersici feliate, varietate de sirop usor
- 2 linguri de zahăr alb
- 2 linguri sos de soia usor
- 2 linguri muștar de Dijon
- 2 linguri de unt nesarat
- 1 buton de ghimbir proaspăt de 1 inch, ras
- 1 lingura ulei de masline, varietate extra virgin
- Sare si piper dupa gust
- Coriandru proaspăt tocat

Directii:

a) Scurgeți piersicile feliate și rezervați în jur de 2 linguri de sirop ușor. Tăiați piersicile în bucăți mici.

b) Puneți fileurile de somon într-o tavă mare de copt.

c) Într-o cratiță medie, adăugați siropul de piersici rezervat, zahărul alb, sosul de soia, muștarul Dijon, untul, uleiul de măsline și ghimbirul. Continuați să amestecați la foc mic până când amestecul se îngroașă puțin. Se adauga sare si piper dupa gust.

d) Opriți focul și răspândiți o parte din amestec în fileurile de somon cu generozitate, folosind o perie de ungere.

e) Adăugați piersicile feliate în cratiță și acoperiți bine cu glazură. Se toarnă piersicile glazurate peste somon și se întinde uniform.

f) Coaceți somonul timp de aproximativ 10-15 minute la 420F. Fii atent la somon pentru ca vasul să nu se ardă.

g) Presărați niște coriandru proaspăt tocat înainte de servire.

95. Somon afumat și cremă de brânză pe pâine prăjită

Porții: 5 porții

Ingrediente

- 8 felii de baghetă sau pâine de secară
- ½ cană cremă de brânză, moale
- 2 linguri ceapa alba, taiata felii subtiri
- 1 cană somon afumat, feliat
- ¼ cană unt, soi nesărat
- ½ linguriță de condimente italiene
- Frunze de mărar, tocate mărunt
- Sare si piper dupa gust

Directii:

a) Într-o tigaie mică, se topește untul și se adaugă treptat condimente italiene. Întindeți amestecul în feliile de pâine.

b) Prăjiți-le pentru câteva minute folosind un prăjitor de pâine.

c) Întindeți niște cremă de brânză pe pâinea prăjită. Apoi puneți deasupra somon afumat și felii subțiri de ceapă roșie. Repetați procesul până când sunt folosite toate feliile de pâine prăjită.

d) Se transfera pe un platou de servire si se orneaza deasupra frunze de marar tocate marunt.

96. Salată de somon la grătar

Randament: 4 portii

Ingrediente

- $\frac{1}{4}$ cană iaurt simplu fără grăsimi
- 2 linguri de ghimbir proaspăt tocat mărunt
- 2 catei de usturoi, tocati marunt
- 2 linguri suc proaspăt de lămâie
- 1 lingura coaja de lime proaspat rasa
- 1 lingura Miere
- 1 lingura ulei de canola
- $\frac{1}{2}$ lingurita Sare
- $\frac{1}{2}$ linguriță piper negru proaspăt măcinat
- $1\frac{1}{4}$ kg file de somon, grosime de 1 inch, tăiat în 4 bucăți, cu pielea, oasele scoase
- Salata de nasturel si ghimbir murat
- Bucuri de lime pentru ornat

Directii:

a) Într-un castron mic, amestecați iaurtul, ghimbirul, usturoiul, sucul de lămâie, coaja de lămâie, mierea, uleiul, sare și piper.

b) Puneți somonul într-un vas de sticlă puțin adânc și turnați marinata peste el, întorcând somonul să se îmbrace pe toate părțile. Acoperiți și marinați la frigider timp de 20 până la 30 de minute, întorcându-le o dată sau de două ori.

c) Între timp, pregătiți un foc de cărbune sau preîncălziți un grătar cu gaz. (Nu folosiți o tigaie pentru grătar; somonul se va lipi.) 3. Folosind o perie de grătar cu mâner lung, ungeți grătarul cu ulei.

d) Puneți somonul, cu pielea în sus, pe grătar. Gatiti 5 minute. Folosind 2 spatule metalice, întoarceți cu atenție bucățile de somon și gătiți doar până când devine opac în centru, cu 4 până la 6 minute mai mult. Cu 2 spatule, scoateți somonul de pe grătar. Aluneca de pe piele.

e) Se amestecă salata de nasturel cu dressing și se împarte în 4 farfurii. Deasupra cu o bucată de somon la grătar. Se ornează cu felii de lime. Serviți imediat.

97. Somon la gratar cu o salata de fenicul

Randament: 2 portii

Ingredient

- 2 140 g fileuri de somon
- 1 Bulb de fenicul; feliate fin
- ½ para; feliate fin
- Câteva bucăți de nucă
- 1 praf semințe de cardamom zdrobite
- 1 portocală; segmentat, suc
- 1 buchet Coriandru; tocat
- 50 de grame de fromage frais
- 1 strop de scorțișoară pudră
- Fulgi de sare gemă și piper negru măcinat

Directii:

a) Asezonam somonul cu sare si piper si gratarul sub gratar.

b) Se amestecă pera cu feniculul și se condimentează cu mult piper negru, cardamom și nuci.

c) Amestecați sucul și coaja de portocale cu fromage frais și adăugați puțină scorțișoară. Pune o grămadă de fenicul în centrul farfuriei și dantelă deasupra somonul. Decorați exteriorul farfuriei cu segmente de portocală și stropiți cu portocala frezată.

d) Feniculul reduce efectele toxinelor alcoolului în organism și este un bun digestiv.

98. Somon la gratar cu cartofi si nasturel

Randament: 6 porții

Ingredient

- 3 kilograme Mic roșu cu piele subțire
- Cartofi
- 1 cană ceapă roșie tăiată subțire
- 1 cană oțet de orez condimentat
- Aproximativ 1/2 kilogram de nasturel
- Clatite si crocante
- 1 file de somon, aproximativ 2 lbs.
- 1 lingura sos de soia
- 1 lingură zahăr brun ambalat ferm
- 2 căni așchii de arin sau mezquite
- Înmuiat în apă
- Sare

Directii:

a) Într-o tigaie de 5 până la 6 litri, aduceți aproximativ 2 litri de apă la fiert la foc mare; adăugați cartofi. Acoperiți și fierbeți la foc mic până când cartofii sunt fragezi când sunt străpunși, 15 până la 20 de minute. Scurgeți și răciți.

b) Înmuiați ceapa aproximativ 15 minute în apă rece pentru a o acoperi. Scurgeți și amestecați ceapa cu oțet de orez. Tăiați cartofii în sferturi; se adaugă la ceapă.

c) Tăiați crenguțele fragede de nasturel de pe tulpini, apoi tăiați fin destule tulpini de fel pentru a face ½ cană (aruncați suplimentar sau păstrați pentru alte utilizări). Amestecați tulpinile tăiate pe un platou mare oval cu salată de cartofi alături; se acopera si se pastreaza la rece. Clătiți somonul și uscați. Așezați, cu pielea în jos, pe o bucată de folie grea. Tăiați folia pentru a urma contururile peștelui, lăsând un chenar de 1 inch.

d) Strângeți marginile foliei pentru a se potrivi cu marginea peștelui. Amestecați sosul de soia cu zahărul brun și ungeți fileul de somon.

e) Așezați peștele în centrul grătarului, nu peste cărbuni sau flacără. Acoperiți grătarul (orificiile deschise pentru cărbune) și gătiți până când peștele este abia opac în partea cea mai groasă (tăiat pentru a testa), 15 până la 20 de minute. Transferați peștele pe platou cu salată. Adăugați sare după gust. Serviți cald sau rece.

PEŞTE-SPADĂ

99. Peşte-spadă cu susan mandarin

Porții: 4

Ingredient

- 1/2 cană suc proaspăt de portocale
- 2 linguri sos de soia
- 2 lingurite ulei de susan
- 2 lingurițe de rădăcină proaspătă rasă
- 4 (6-uncie) fripturi de pește-spadă
- 1 (11-uncie) cutie de mandarine, scurse
- 1 lingura de seminte de susan, prajite

Directii

a) Într-o pungă mare de plastic resigilabilă, combinați sucul de portocale, sosul de soia, uleiul de susan și ghimbirul; adăugați peștele, sigilați punga și marinați la frigider timp de 30 de minute. Scoateți peștele din marinată, rezervând marinata.

b) Preîncălziți grătarul la mediu-caldura mare.

c) Puneți peștele pe un gratar uns cu ulei. Peștele la grătar 6 până la 7 minute pe fiecare parte sau până când se fulge ușor cu o furculiță.

d) Între timp, puneți marinata rezervată într-o cratiță și aduceți la fierbere la foc mare. Se lasa sa fiarba pana scade si se ingroasa. Adăugați mandarine și turnați peste pește-spadă.

e) Se presara cu seminte de susan si se serveste.

100. Fripturi picante de pește-spadă

Ingredient

- 4 (4 oz.) fripturi de pește-spadă
- 1/4 linguriță Cayenne, cimbru și oregano
- 2 linguri Boia de ardei
- 2 linguri margarina sau unt (topit)
- 1/2 linguriță Sare, piper, ceapă și usturoi pudră

Directii

a) Pentru aperitiv, tăiați fripturile de pește-spadă în fâșii mici. Pentru masă, lăsați fripturile de pește-spadă întregi. Amestecă toate anotimpurile împreună. Înmuiați peștele în unt topit. Acoperiți ambele părți cu condimente. Se pune pe gratar.

b) Gatiti aproximativ 4 minute; întoarceți și gătiți aproximativ 4 minute mai mult sau până când peștele devine ferm și fulger. Face 4 portii.

CONCLUZIE

Fructele de mare sunt unul dintre alimentele foarte comercializate, care oferă alimente locale esențiale și dețin o pondere majoră în economia multor țări. Peștii și crustaceele sunt două clase majore de pești, care includ peștele alb, peștele bogat în ulei, moluștele și crustaceele.

Fructele de mare au fost considerate o sursă excelentă de diferiți compuși nutritivi, cum ar fi proteinele, grăsimile sănătoase (acizi grași polinesaturați în special omega-3 și omega-6), iod, vitamina D, calciu etc., iar acești compuși au efecte preventive asupra multor boli de inimă. și tulburări autoimune.